U0103507

三聯書店（香港）有限公司

東江水一本通

余非——編著

目錄

圖 1：1960 年代香港制水時街景。

前言

香港地理面積細小，天然資源匱乏是眾所周知的事實。別的不說，水資源如果不是長期有東江水支援，大概香港難以安度一個又一個的旱季水荒年，尤其是 1960 年代上半葉那些年。

對 1960 年前後出生的香港人而言，鬧制水時大概只得幾歲，或對制水沒有多少印象。制水也者，是限制用水，只有在政府公佈的時間內才有自來水供應。然而，這些小孩的父母，大概於 1930、1940 年代出生，現在應該是八十多歲的長者，左頁舊照片內的那些成年人，就是他們。手寫的「淡水送親人」幾個大字，隔了時空，仍然有力地傳達中國人彼此血濃於水的感染力。1960 年代初持續數年天旱，是廣東一帶的自然災害，不只是香港受苦。加上 1960 年中，蘇聯撤走來華專家，當時的中國正值國家經濟的困難時期；可是，即使是這樣的一個處境，內地都願意戮力解決香港的水荒問題。

　　長久以來，港人因東江水供港而受惠，因內地糧油副食品以三趟快車供港而受惠，這是眾所周知的事實。然而近年來卻有人「質疑」這些不是惠民國策，把患難相扶持當成是陰謀。這些別有用心的人片面強調東江水是真金白銀買回來的，不是白收的「好處」，更聲稱香港長期購買「貴水」。更有甚者，說東江水是共產黨「綑身鎖命」、控制香港的政治手段。

　　這些近年才忽然冒起的「質疑」，說穿了，無非是近十多年香港泛政治化操作下的結果。而內地部分群眾，或網民，由傳媒及網上看到香港某些年輕人對東江水的污衊，乃至對處理兩地關係時的一些過激做法，也自然心生不滿，動輒主張「斷水斷電」，以牙還牙。可以說，上述雙方對香港歷史的複雜性未必全面了解，也未必知道「東江水供港」是從國策層面體現國家關心香港同胞的最大善意，國家一直把香港視為一個共同體。即使當年面對英國殖民政府，周恩來總理也說明政治與供水問題分開討論；供水，不是政治籌碼。

　　香港、內地部分人情緒化的爭辯，無助認清東江水供港是甚麼一回事，也不利於一國兩制的順利實施。本書旨在把東江水供港問題說個透，化負面影響為正面。反正，香港缺乏國情

教育，這本小書，正好充實國情讀物的書單。

多讀些香港歷史，全面了解香港與內地密不可分、互利雙贏的關係，是「一國兩制」順利實施的重要條件之一。本書直面問題核心，由香港有多需要東江水入手，再在往後的章節逐步闡述跟東江水相關的各種知識。書末，附談被炒作的新加坡水價。全書以理性、知識性討論為主。知識就是力量。

第一章

樓下關水喉

—— 香港需要引入東江水

香港的地質令地下水不易貯存

香港地理位置獨特，雖然地處亞熱帶，降水量充沛，但境內沒有自然的大江大河和湖泊，沒有天然的儲水系統。加上區內人多地狹，缺乏有利的地形及土地興建大型水庫以攔蓄雨水。而堅硬的花崗岩地質條件，也不利於地下水的貯存。

因此，香港地區可利用的水資源較為貧乏，也使香港被冠以「貧瘠岩石」的稱號。

香港的河流水系統不足是淡水不足夠的主要原因之一。香港地處潮濕的亞熱帶環境，理論上降雨量豐沛、小河徑流使地表水系較發達。可是，由於香港地形以陡坡為主，加上陸域面積總體不大，使水系的作用範圍較小。除與深圳交界發源於廣東省寶安縣，由東北向西流入後海灣的深圳河之外，香港境內沒有大河流水系和湖泊。河流多為短小型，源短流急，大多數河流長度不超過 5 英里，匯流時間短，極易形成暴漲暴落的山溪性洪水，且流速和流量受季節性降水形式影響，屬季節性河流，使河流的水資源難以被穩定利用。

香港境內主要河流有：城門河、梧桐河、林村河、元朗河和錦田河等。

至於降雨量方面，無疑是相對豐沛的。但是，區域內年

平均降雨量差別很大；而以年為單位計算，年內分配也很不均勻。此外，香港綿延起伏的高山丘陵主要由火山岩和花崗岩構成，降雨期間，地表徑流來得快、去得也快，地下岩土層不會儲存大量的地下水，因此地下水資源並沒有因豐沛的降雨量而變得更加充裕。

興建水塘，是香港解決水資源問題的主要方法之一。可惜的是，香港不具備興建新的大中型水塘的土地條件，可建水塘的選址及土地已盡量利用。土地資源，是香港進行大型蓄水工程的最大限制。就香港已開發利用的條件而言，土地面積的 1/3 已作為集水區，在寸土寸金的香港，再進行新的集水區規劃建設並不實際，也不划算。

香港現時已建的大型蓄水工程有萬宜水庫、船灣淡水湖，以及小型水塘如城門、石壁等。當中，建於 1960 年代末至 1970 年代的萬宜水庫和船灣淡水湖兩座大型水庫，是充分考慮土地資源、海灣條件優勢而興建的大型水庫。船灣淡水湖之興建，為中國沿海地區，特別是沿海缺水地區如何充分利用土地資源、水資源樹立了典範。

總體而言，香港的蓄水工程可為香港提供部分淡水，但無

法滿足香港全社會的工業和生活用水需要，有七成以上的水量
必須依靠東深供水系統供應。

第一節　香港長期以來水資源匱乏

一　19 世紀前後的情況

香港 19 世紀前，人們以井水、溪澗流水作為食用水。

英國佔領初期，香港人口不多，社區零星分佈，人們以溪
澗水作為食用水。然而，由 19 世紀中、1850 年開始，往後的
一百年間人口及經濟發展加速了對食用水的需求。

19 世紀中的港督包令（John Bowring，1854 － 1859 年在
任）深知人口增長將帶來食水及糧食短缺，於是積極呼籲私人
企業興辦水務，卻一直未能吸引私人發展公司的興趣。居民的
糧食可依賴進口，但食水於當時難以外求，開拓水源頓時成為
發展香港經濟的先決條件。

最早的供水方案可追溯到 1851 年，由政府預算撥 52 英
鎊開鑿 5 口井開始，其後又開鑿了更多的水井以滿足用水需

要。但這些小修小補不足以解決問題。在苦無良策之下，港英政府在 1859 年 10 月 14 日懸賞 1000 英鎊，徵求開發水源的方案，並準備撥款 2.5 萬英鎊作為香港第一個大規模水務計劃的經費。1860 年 2 月 29 日，英國人羅寧（Rawling，當時是皇家工程部的文員）建議於薄扶林谷地內興建一個容量達 3000 萬加侖的儲水庫，儲存雨水供居民使用。薄扶林水塘於 1863 年竣工，第二個水塘大潭水塘，於 1889 年完成。

根據 1896 年工務局長谷巴（F. A. Cooper）引述，1860 年前政府亦在主要溪流上游蓋建儲水池，儲存溪水供市民飲用。期間，雖然水源經常受到地面水的污染，成為當時腸炎流行的主要原因；但在水量上，如不是遇上旱季，用水不至於太過緊張。直至 1893 至 1896 年三年間，香港遇上旱情，期間更發生瘟疫。1893 年 10 月至 1894 年 5 月 16 日，香港又再遇上旱季，滴雨未下；5 月首先在天平山區發現疫症，6 月瘟疫爆發。

之後由 1901 至 1940 年的四十年間，香港曾出現四次連續兩年乾旱。

18 世紀的兩次大水荒

　　1902 年大旱，香港每日供水 1 小時，當局不得不派船到大陸運淡水以解燃眉之急。

　　1929 年水荒，六個水塘有五個乾涸見底，人們最初每天由街喉獲得四小時供水，後來減為兩小時，再後來，港英政府施行七級制水，即街喉不再供水，人們要到供水站去取水食用。當時，為解決水荒，港英政府從外地購買食水，有時甚至將廣九火車的車廂全部改為水箱，到深圳河去汲水運來供應。

資料來源：何佩然，《香港供水一百五十年 —— 歷史研究報告》，香港．政府印務局，2001 年。

二　以水塘儲水

　　在天然水資源不足的情況下，水塘成了香港最基礎的供水設施之一。1860 年代，港島開始利用一些有利的地形興建水塘收集雨水，解決食水需求。1850 至 1890 年代，為了盡快增加香港地區的供水，港英政府大力開展水塘建設。1863 年，第一個供水系統薄扶林水塘開發後，容量只有 200 萬加侖，此時人均獲得的水資源量約為 25 加侖（約 0.11 立方米），根本不夠一個居民超過四天的使用量。到 1889 年第二個水塘大潭水塘建成後，容量有 3.88 億加侖，人均水資源量增加到大約每年 596 加侖（2.71 立方米）。時至 1898 年，隨著香港地區的擴

展，開始將九龍半島界限街以北地區（又稱新界）納入發展版圖。新界地區如大埔、沙田、粉嶺、筆架山、大嶼山等有利地形地貌，適於興建大型水塘。因此，水塘建設得到加速發展。

截止至 1931 年大潭水塘擴建工程、香港仔水塘計劃實施後，香港島可開發的地表淡水資源基本上已開發殆盡，利用水塘可蓄存的地表淡水資源量約 21.85 億加侖，約合 993.1 萬立方米。以 1931 年人口總量 130 萬人計算，人均可獲得的水資源量僅為每年 7.7 立方米。[1]但這只是推算，實際情況會受自然因素影響，以 1928 至 1929 年為例，因為連續兩年大旱，人均獲得的水資源量每人每天不到 0.035 立方米。

第二節　香港旱災、制水故事多
——由 1960 年代前後談起

二次大戰後，港英政府投入巨額資金建設大型水塘。新界

1　以 1899 年人口總量 65 萬人計算，人均可獲得的水資源量為每年 15.3 立方米。

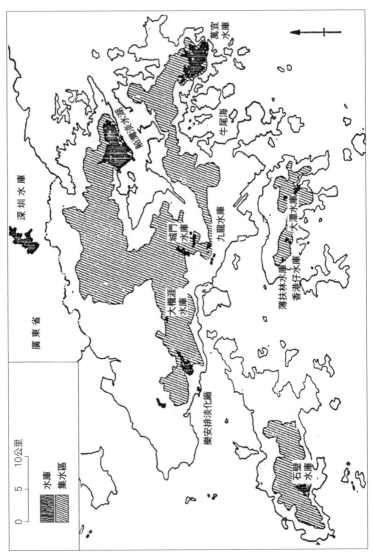

圖 2：香港水塘與集水區分佈情況。

地區先後建有 8 座水塘，分別為九龍水塘群（包括九龍接收水塘、九龍副水塘、石梨貝水塘）、城門水塘（又稱銀禧水塘，包括越海引水 — 海底輸水管工程）、下城門水塘、大欖涌水塘、石壁水塘，總儲水量約 149.5 億侖（約合 6794 萬立方米）。大嶼山石壁水塘於 1959 年動工，1964 年 11 月啟用，水塘容量為 55.15 億侖。至此，新界陸域內基本上沒有合適的地點再興建超大型水塘了。

從港島開發的第一個水塘供水到新界地區最後一個大型水塘完工啟用，整整 101 年。水塘容量從最初的 200 萬加侖增加到 171.35 億侖，增加了 8567 倍。若以 1964 年總人口 350 萬計算，此時，人均水資源擁有量每年 4895.7 加侖，相當於 22.3 立方米。然而，儘管水塘容量增加了幾千倍，也無法改變缺水的總體局面。更加上 1962 至 1964 年間遭遇百年一遇大旱，香港陷入更大的困境。

1962 年 5 月至 1963 年 4 月，香港的降雨量只有 1439 毫米。1963 年 3 月 31 日全港各水塘的總存水量只有 53.55 億加侖，約為總存量的 51%。

1963 年的水荒，因缺水而致農業損失達 1000 萬港元；另

外，13 個行業因停產損失達 6000 萬元。300 多萬居民生活用水受限，街上的公共供水站，人和水桶排成長隊，嚴重影響了民眾的正常生活。缺水，不但嚴重影響香港民生和社會穩定，同時也限制了香港的經濟發展。

1963 年 5 月 2 日，港英政府將供水時間減為每天 3 小時；至 5 月 16 日，改為隔天供水 4 小時；踏入 6 月，當局被迫實施 4 天供水 4 小時的措施。4 天供水 4 小時這一措施，一直維持到 1964 年 5 月 27 日，颶風維奧娜（Viola）登陸帶來暴雨後才結束，此前香港受缺水困擾整年。

總而言之，由 1962 年降雨量減少，去到 1963 至 1964 年的旱情，無論從年降雨量、總人口數量及水塘可供水量各方面來看，都是香港開埠以來遭遇最嚴重的一次災害。

一　鐵製大水桶

1963 年中實行 4 天供水 4 小時後，各行各業的生產停滯不前，香港經濟的正常運行受到嚴重打擊。而得益最大者，可能要算水桶生產商了。1963 年，水桶銷量倍增，50 加侖裝的鐵製大水桶最受市民歡迎。由於供求失調，一日內水桶的銷

售數量及價格漲幅可以達數倍。一些專造鐵器的商號也連夜趕工，藉此賺取更多利潤。粗略估計，由 4 加侖裝的火水罐改裝的水桶，在 1963 年全港有 300 萬個，排列起來長達 237.6 萬英尺，高 343.2 萬英尺，比太平山還高 1913 倍。

水荒至影響社會和諧乃真有其事

　　據香港《文匯報》1963 年 5 月 11 日報導：「大磡村街喉有水霸，身懷暗器實行武裝取水港九有兩起為水而戰傷四」。

　　又如，香港《文匯報》1964 年 4 月 27 日報導：「水與血　為輪水四女子混戰俱傷」。

　　這樣的事例數不勝數，反映水荒至生活逼人，事故其實相當可憐可憫，反映水荒嚴重影響了社會穩定，以及人與人之間的和諧共處。

二　搬運食水賺生活

　　搬運食水賺取經濟利益，成了當時一門新興生意。不少新界鄉民乘機抽運井水售予市民。一些漁船則開往大嶼山及離島一帶，尋找山澗清泉出售。在 1963 年 5 月之前，天然水的售價約為每擔 1 角，但 5 月宣佈制水後，加價至每擔 5 角，且銷量甚佳。新界地區不少酒樓食肆僱用貨車到山溪取水，貨車司機紛紛改營運水生意。一般運送山水，取價為數角 1 擔，而市

區的水價有些高至每桶 5 元。

三　樓下關水喉

　　一些人口稠密的地區或多層大廈，是制水期間的重災區；原因是在指定的供水時間內，同區水龍頭全部同時啟用，水壓嚴重不足。舊式大廈裝設的輸水管，一般直徑不超過 2 英寸，而樓宇上層的水管稍窄，較高樓層的住戶必須在樓下住戶關掉水龍頭後，才可有水流出，故在制水期間，「樓下鬥水喉」之聲不絕於耳。

　　以下是個生活例子。一幢四層唐樓，各樓層輪流利用 4 小時供水，每樓層平均每天只獲 1 小時供水。而每樓層如有 6 戶住戶，即每戶只有 10 分鐘儲水時間；以一戶幾口計算，平均每人獲供水時間可能只幾分鐘。後來制水升級，至 4 天供水 1 次，每次 4 小時，即是將上述困難放大四倍，生活用水之緊張，可想而知。在分秒必爭的壓力下，鄰里間因一些無謂爭執，如爭拗多 1 分鐘的輪水時間，輪候次序的排定，或者希望多獲一桶水做飯、洗澡等等，大家一言不合都會打起來，小則頭破血流，送醫醫治；大則因爭執坐牢，甚至賠上性命。

四　借水與「乾浴法」

在 71 歲的區國榴幼年記憶裏，全家老小依次輪流拎着水桶去樓下鄰居家借水，是每日的必修科目。「那時候上門借水次數多了的話，我也會不好意思，而被借的那戶人家到後來，看到上門借水的人都感覺是來討債的一樣」。要借到水，靠情面維持不了多久，所以每天得絞盡腦汁去借水。一日之內總有辦法能借到一兩小桶水的，一家人就要嚴格分配用水量。常常是洗臉都只能打濕毛巾隨便擦一下，甚至連口渴時想喝水都忍住。在那段缺水的日子裏，由於水壓過低，家住在 4 樓，就算在非制水期間也很難放出水來。區國榴說，用一碗清水兩勺子黑醋清潔身體的「乾浴法」，也成了母親最引以自豪的生活小妙招。[1]

1　改寫自 2015 年 5 月 24 日《文匯報》。

樓下閂水喉 慈母練就獅吼功

「一盆水五六個人輪流洗澡，留下的污水洗衣服，最後沖廁。」1962 年出生的何妙玲，常常聽爸媽講制水時鄰里間的家長里短。「我父母說，那時候家裏的鍋碗盆瓢，只要是能裝水的，都得派上用場，鄰里之間為水不時爭執反目的事情時有發生。『樓下關水喉』這樣的叫喊聲更是抑揚頓挫、此起彼伏充斥著整棟大樓的日常生計……」。

在 71 歲的區國榴幼年記憶裏，…… 也是因為每日好幾通樓上樓下的大聲「喚水」，他原本說起話來柔聲細語的母親，不知不覺竟練就一副驚人的獅吼功。

香港隨處可見的唐樓，來自樓上住戶的「喚水聲」，曾是一整代人的記憶。

摘自：《一江清流水 供港 50 年 三之一：周恩來親自拍板 東江水「解渴」香港》，2015 年 5 月 24 日，《文匯報》。

五 疫症加重水資源負擔

1963 年的香港禍不單行。夏日炎炎，由於缺乏足夠的水源清潔，平日的清潔工作如清洗街道、沖洗溝渠等都減少甚或停止，使得疾病傳播變本加厲。而個人生活，也因缺水而不能講究清潔功夫。1963 年 6 月 28 日，香港發現第一宗霍亂，至年底全港共發現 115 宗。被懷疑感染霍亂病者均被送往漆咸道檢疫所隔離。在缺水清洗之下，除霍亂，其他因衛生環境惡劣而觸發的腸道傳染病如痢疾、腸熱及傷寒疫症，也有增加的趨勢。

　　為了防止疫症擴散，1963 年 4 月，港英政府積極為市民注射霍亂疫苗；在宣佈制水後數天，就有 67 萬人接受疫苗注射。截至 1963 年 7 月，接受疫苗注射的人數高達 188.6 萬人。

　　水務局加強檢查常用水井的水質，加放漂白粉消毒，提醒市民井水不宜飲用，並注意盛載食水器皿的清潔等，以對抗疫病蔓延。此外，為改善公共衛生，自該年 7 月 17 日起，全港 116 間公共浴室開放，水務局派出 13 輛載水車，每日將約 10 萬加侖井水運往公共浴室供市民使用。據統計，1963 年第二季度，使用公共浴室人次為 93.6 萬，平均每日使用人次為 1.3 萬。公共浴室的開放，為不少人口密集地區的市民，解決了部分清潔用水問題。

香港河流的特點：多為短小型，源短流急

　　香港地處潮濕亞熱帶環境，豐沛的降水、徑流使地表水系較發達，但由於地形以陡坡為主，加上陸域面積總體不大，使水系的作用範圍較小。除與深圳交界發源於廣東省寶安縣，由東北向西流入後海灣的深圳河之外，境內無大的河流水系和湖泊。河流多為短小型，源短流急，大多數河流長度不超過 5 英里，匯流時間短，極易形成暴漲暴落的山溪性洪水過程。也因此，香港有史以來，不時會出現山洪暴發把人捲走、溺死的意外事故。

　　香港的河流流速和流量受季節性降水影響，屬季節性河流，使河流的水資源難以被持續及有計劃地利用。

六　望天打救

缺水之困苦不堪言，於是有市民求神問卜，尋求精神慰藉。宗教團體包括佛教、道教、基督教，分別號召信眾於全港各地舉辦祈雨的宗教儀式，希望天降甘霖，解決水荒。一些道教團體邀請當時的社會賢達參與的祈雨儀式，可以長達七晝夜。而香港佛教聯合會亦舉行祈雨法會，廣邀信眾參與。

民謠《月光光》

月光光，照香港，山塘無水地無糧。

阿姐擔水去，阿媽上佛堂，唔知幾時無水荒。

七　依靠水塘儲水存在先有雞、還是先有蛋的因果關係

依賴天雨的水塘儲水和供水，以及實施制水制度的供水模式，是 20 世紀上半葉香港常見的現象。制水期間，政府會拚盡全力採取一系列應急措施來提供淡水。如設置一批流動水箱供水；組織油輪來往珠江口汲取西江淡水；重新開放水井；海水淡化；請求深圳水庫增加供水等。但嚴重的水荒暴露了完全依賴天雨儲水的水塘供水模式存在弊端，這種供水模式遇到旱

季便常常無水可蓄，借問水從何來？水塘乾涸，供水便陷入難以為繼的困境。

八　海水沖廁系統的建設

為節約淡水用水量，當局致力發展海水沖廁系統。1957年，水務署建議在九龍新發展地區，如石硤尾、李鄭屋邨等人口稠密的移民安置區，投資 50 萬港元，設立海水沖廁系統。1959 年底，海水沖廁系統繼續擴展至港島西區。1959 年，港英政府正式修改建築物條例第 19 條，規定新落成的私人樓宇必須設有沖水式排污系統裝備，包括抽水系統、排污渠、抽水馬桶及其他裝置。該條例於 1960 年 1 月 1 日通過，1960 年 3月 1 日起生效。

1960 年代中期以後，海水沖廁系統擴展至整個九龍地區和港島西區。如此一來，既節約了大量淡水，衛生條件又大為改善。因此，海水沖廁系統於 1965 年 1 月 1 日正式通過新法例予以確立實行。

第三節　戰後人口增加

第二次世界大戰後，香港經濟迅猛崛起，本地人口及移民人口激增，供水缺口也越來越大。

一　深圳水庫供水後仍要到珠江口運取淡水

第二次世界大戰後的 1945 至 1999 年，香港人口進入高速增長階段，每十年增加約 100 萬人。而在這樣的增長速度下，由 1959 年開始，香港遇上一場又一場的大旱災。民生超越政治，迫使港英政府向廣東省政府求助，結果在百日努力下，於 1960 建成深圳水庫（本書稍後有章節詳細介紹），於當年已開始每年對港供水 2270 萬立方米。而供水後的 1962 至 1963 年，因香港旱情史無前例地惡劣，水荒仍然存在，即使深圳水庫將供水量增加了 1.2 倍，仍然無力扭轉水荒局面。

1963 年初，廣東、香港同遭大旱，港方致電廣東省省長陳郁要求幫助解決水荒困難。陳郁省長表示可以大力幫助，除繼續由深圳水庫盡力供水外，還同意港方派船到珠江口內免費運取淡水。是年，港方派船到珠江口運水 818 萬立方米，深圳

水庫向港供水 1177 萬立方米。

二　1960 年至今的人口增長概況

根據官方統計資料，1961 年全港人口為 313 萬人，按每人每日食水需求量 20 加侖計算，全年需水量約為 230 億加侖。而當時各大水塘的總容量為 105 億加侖，即使全部蓄滿也不能滿足居民半年所需。1959 年，港英政府為配合需水不斷增長和克服陸域缺乏合適庫址的困難，開始將目標轉向海上。1960 年 11 月，船灣淡水湖動工興建，整個供水系統的輸水隧道和水管網絡相當精密，安裝了現代化的控制系統設備，使龐大容量能發揮最高用途。

香港人口往後持續增長，於 1999 年達 697.48 萬人。而 2000 至 2015 年，香港的人口總數略有波動，增長率基本放緩。2000 年人口數量首次減少，此後數年基本不增不減。直到 2005 年，人口總數才又緩慢回升。之後的 2005 至 2015 年，人口增長率約為 5%。現時香港的總人口約為 750 萬。

港英政府由此也深刻認識到，在人口急速膨脹的情況下，依賴收集本地降雨解決供水水源的方式，沒有可持續性。

用海水沖廁

香港有豐富的海水資源。1950 年代後期，為了緩解淡水緊缺的局面，建立了一個相對完善的海水沖廁系統，大大緩解了供水壓力，至 2015 年全年利用海水總量達 2.74 億立方米，佔全港當年供水總量的 22%，可見海水利用的成功程度。

第四節 對整體經濟情況的影響

1963 至 1964 年旱災水荒期間，建築業的進度每日減少約 40%。部分零售商店的東主，因營業額下降，入不敷出，欠債纍纍，不堪經濟打擊而賠上性命的例子，也時有所聞。

1970 年香港本地生產總值、淡水用水分別為 230.15 億元和 2.86 億立方米，1980 年分別為 1367.75 億元和 5.09 億立方米，到 1995 年更分別增長到 11113.91 億元和 9.19 億立方米。由此可見，香港的社會經濟發展與用水量成正比例不斷增長。

香港自 1970 年代已不斷興建供水水塘，可是，因為經濟增長和人口不斷增加，用水需求相應急增。如遇上天旱無雨季

節，例如 1960 年代初的情況，即使後來加建了水塘，也只會無水可蓄，供水難以為繼的情況就會出現。

一　漂染業萎縮

1960 至 1970 年代，製衣業是香港的龍頭產業之一。香港的製衣業呈一條龍產業方式發展，由上游漂染業至下游服裝設計及成衣製造，在香港都有所發展。而水荒期間，織布廠受打擊最大。一些生產毛巾或有色布料的工廠，因制水關係，無法使用大量淡水洗滌產品，生產量萎縮，廠家因減產而裁減員工，甚至全面停工。一間紡織、漂染工廠的高級人員說，問題最嚴重的是漂染廠，隔日供水後只能停工。漂染布料只能用淡水或河水，井水、山水都不適用。

漂染業之外，棉織品製作業也要用自來水。1963 年 5 月，荃灣一位棉業織造廠負責人也說，如果實行隔日供水，荃灣絕大部分的棉紡織業工廠將遭到困難，將不得不停工或半停工。因為棉織品製作過程中的用水，只能靠自來水，山水、井水含有鹼質或礦物質，不能直接用於棉紗。

至於成衣零售，也因市民消費意願下降而生意額大減。

漂染及製衣業人士對港英政府研究用船運水的計劃甚為重視，希望當局從速就近解決運水問題。因為工業區如每天能供應上數小時淡水，可令工業不致完全停工；影響出口貿易已阻止不了，但起碼不致於令數以萬計的工人因停工而驟然失業，生活直接遭遇困難。

二　二十萬工人收入減少

1963 年開始的大水荒，令香港工商業經營環境立即變得惡劣。當時，制水使各行各業生產停滯不前，香港經濟受到嚴重打擊。根據港九工會聯合會估計，有 19 個行業因水荒減產停工，20 萬工人收入減少。耗水較多的行業有飲食、洗衣、理髮、飲料製造、建築等，由於在營運或生產過程中需要大量清水清洗生產工具或推動機器，缺乏淡水，令這些行業幾乎無法繼續運作。經營者紛紛採取特別措施，減低用水量。當年的苦況，對親身經歷者，可能猶有餘悸。

三　服務業大受影響

1963 年水荒，令各行各業都要節約用水。以服務業為

例，有酒樓為節省用水，向每位光顧茶客派發 3 枚沖茶用的「水籌」，硬性規定顧客最多可沖熱開水 3 次。此外，更停止向顧客供應毛巾，桌布則改用塑膠，盡量減少使用清潔用水。茶餐廳不再免費奉送清茶。

理髮店生意也大受缺水影響，因一般的洗髮服務，平均每次需用水 8 加侖。在制水期間，理髮店因無法儲存足夠用水應付顧客需求，被迫削減營業額。削減了的服務數量，就用加價來彌補。1963 年 6 月下旬，理髮服務男界女界洗剪髮全套加 6角，小童加 4 角，燙頭髮則加 1 元。然而，即使加了價，理髮店生意額仍然大約縮減 30%，理髮業工人的生計直接受影響。

四　水荒令物價漲價

因為水荒而導致市民經濟上「缺水」，直接影響市民生計。

在減低活躍度的惡性循環下，零售業、娛樂事業一片蕭條。工商業減產、工人失業。物價飛漲，令市民日常生活費開支暴增，如街邊大排檔的白粥、涼茶店的涼茶，從 5 分錢加至 1 角，蔬菜糧食因減產也漲價 1 倍。淘化大同公司（綠寶汽水）、寶利汽水廠、香港荳品公司（維他奶）及屈臣氏 4 間汽

水廠聯合將瓶裝汽水價格從 2 角增至 3 角。茶樓酒館因需向外購買淡水或僱用工人往街喉輪水，也將食物加價，中型茶餐廳熱飲每杯從 4 角加至 5 角。

洗衣店無論乾洗濕洗，加價 1 角，交貨日期也需延遲一兩天；某些洗衣店的加幅更大，如洗熨 1 套西服由原價 4 元 5 角加至 6 元。1963 年全港洗衣店約有 1000 家，宣佈加價的洗衣店，超過 80%。

一些未直接受制水影響的行業，也乘機漲價，如私營計程車（俗稱「白牌車」）增幅竟高達 60%。[1]

五　香港經濟增長跟東江水供港有關

水荒，會直接影響各行各業。惟有供水量穩定，社會民生乃至商業活動才有持續而穩定的發展。

於是，解決了供水問題之後，由 1975 至 1995 年的 20 年間，香港經濟增長逾 3 倍，本地生產總值平均每年大約有 7.5% 的實質增長，較世界經濟增長快逾一倍。香港經濟高速增長，

1　何佩然：《點滴話當年 —— 香港供水一百五十年》，商務印書館（香港），2001 年，第 187 頁。

正是始於 1960 年代東深供水工程建成後。在供水量不斷增加並最終成為香港主要水源的大背景下，東深供水工程先後經過 3 次擴建、1 次大改造，其時，正是香港經濟處於高速發展的階段。可以説，東江水供港是香港經濟得以崛起並高度繁榮的重要因素之一。

港九工會聯合會直接致電廣東省政府反映情況

1963 年香港大旱，此次旱情嚴重。眾所周知的 4 日供水一次、每次供水 4 小時，香港政府就是此時提出的。當時各行各業都大受影響。為解決水荒，當時的港九工會聯合會（即香港工會聯合會，簡稱「工聯會」的前身）不僅呼籲香港工人居民節約用水，團結互助；同時派出代表拜訪輔政司和勞工處，反映工人市民的要求和意見，促使政府努力想辦法解決問題。

而港九工會聯合會也及時發揮跟內地保持聯繫的積極作用，並扮演中港橋樑的角色，直接致電廣東省人民政府陳郁省長反映情況，請求援助，例如，准許香港派船到珠江口運淡水等。所提建議得到廣東方面和周恩來總理的大力支持。

1965 年，東江—深圳供水工程完成，港九工會聯合會長陳耀材等，因而也受邀參加落成典禮。

第二章

由深圳水庫到東深供水工程

供水工程

深圳水庫（1960 年）————————→ 東深供水工程（1965 年）
擴大為

- 1961 年 1 月 25 日開始由深圳
  水庫對香港試行供水
- 1961 年 2 月 1 日按協議正式供
  水

- 1964 年 12 月完成
- 1965 年 2 月供水
- 2003 年「東深供水工程」
  改名「粵港供水工程」

東深供水工程目標：將東江水輸送到香港。

東深供水工程簡單路線全圖

東江水 → 支流石馬河由北向南流 → 逐級提水倒流工程 → 雁田水庫，跨過分水嶺 → 深圳水庫 → 橫跨深圳河的水管 → 接水池 → 抽水站

東深供水工程入港前一段詳細路線圖

東江水 由上游流到下游 → 下游珠江三角洲三江之一的東江，就是東深供水系統的東江水 → 當中支流石馬河被逐級提水倒流工程，改為由北向南流 → 引流入雁田水庫 → 以輸水管跨過分水嶺 → 流入深圳水庫 → 經一橫跨深圳河的水管（→ 輸送往香港）

東深供水工程入港後一段的詳細路線圖

輸入位於邊境木湖的接收水池 → 輸往木湖抽水站 → 進入輸水管：起自文錦渡附近，經石陂頭、粉嶺至距石岡約 1.6 公里入大欖涌引水道止。

第一節　深圳水庫供水

　　深圳水庫是東深供水工程生命線上，食用水輸入香港前的最後一座調節水庫。

　　1960 年深圳水庫的建成，改變了寶安縣長期以來因缺水而制約發展的落後面貌，為農田灌溉、生活用水、防洪發電發揮積極作用，有力地促進了地方經濟的發展。同時，深圳水庫也為香港提供一部分淡水，幫助解決當年香港食用淡水長期嚴重不足的問題。所以深圳水庫是個對兩邊 —— 深圳與香港 —— 都有利的水利工程。

一　萬人施工大隊

　　1959 年 2 月 6 日，議定由廣東寶安縣建設深圳水庫，向香港提供淡水。深圳水庫位於深圳河上游，集水面積 60 平方公里，建成後庫容達 4500 萬立方米。

　　1959 年 6 月，深圳水庫工程指揮部正式成立，曹若茗任總指揮，馬志民、趙俊謙、陳錦培、李錫源任副總指揮。

　　1959 年 11 月 15 日，深圳水庫舉行了隆重的動工典禮。

進場的人士，包括民工、深圳的機關幹部、企業員工、學校師生、駐軍部隊，合共一萬多人。典禮有三百多位港澳各界知名人士出席。儀式上，廣東省副省長魏今非代表廣東省委、省政府在大會上致辭，馬志民代表水庫工程指揮部及全體民工在大會上宣誓。水庫各項工程自此全面展開。

深圳水庫的建設是在經濟、技術水準都相對落後的條件下開展的，當時施工之初，除了兩輛拖拉機壓土之外，基本上全靠人工開挖，肩挑手推，不分晝夜，連續奮戰。

二　想像最高峰四萬人開工的場面

寶安縣縣委第一書記李富林帶著縣委五位書記中的三位，上水庫工地指揮勞動。指揮部人員夜以繼日地工作，民工們則更為艱苦，他們的居住條件非常簡陋，伙食少油缺肉，口糧僅可果腹。在此岔開一筆解釋為何要如此「苛待」施工人員呢？是因為 1959 至 1961 年這三年，一般稱為「三年自然災害」或「三年困難時期」，當時的中國由於「大躍進」運動以及犧牲農業、發展工業的政策，導致全國糧食和副食品短缺危機。而在 1960 年中，蘇聯更撤走援華專家。深圳水庫就在上述大

背景下興建，條件之艱困，可想而知。

參加工作的民工，不少因為每天勞動時間長，強度大，病倒的不在少數。還有許多婦女把年幼的孩子鎖在家裏，自帶乾糧和水就上了工地，有些則背著嗷嗷待哺的嬰兒趕來參加工地勞動。這些艱苦的勞動場面是水庫建設的一個縮影。深圳水庫建設高峰期施工人員接近四萬人。

三　先進模範人物敬業樂業 ──「飛車運土法」

在建設過程中，湧現了許多先進事蹟和感人故事，先後評選出的先進模範人物達 3831 人。為了加快工程進度，保證在來年雨季前完成主壩的土建工程，工地掀起了工具改革、管理改進的熱潮。插紅旗、樹標兵活動使每人每天完成的土方數，由 1 立方多提高到 5 立方多。在這些突擊隊中，沙井公社西海大隊支書陳澤芬帶領的隊伍最為出色。突擊隊中有一個 18 歲的姑娘張敬愛，人稱「飛車姑娘」，以前運土最少是一人一天只能拉上 1.5 立方，自從她發明了「飛車運土法」後，她每天可運土 54.7 立方，工效提高了 36 倍，創下工地最高紀錄。在這些模範、標兵的帶動下，大家你追我趕，誰也不甘落後。

1960 年代的困難時期

1959 至 1961 年，是中國經濟三年困難時期。原寶安縣第一書記李富林的回憶，可以令讀者更加明白當時的情況。李富林是當時參加深圳水庫百日堤壩攻堅的領導之一。他親自證實，在 1962 年 4 月，深圳（當時叫寶安縣）正在進行對外開放的時候，「一股逃港風波突然襲來」。據說當時每天傍晚從各地湧到寶安邊境外流的一般有四五千人，最多的一天達八千多人。（上述資料來自《縣委書記憶逃港：來勢洶洶 招架不住》一文，刊於金羊網，2013 年 9 月 12 日）

事實上 1950 年下半葉，乃至整個 1960 至 1970 年代，都有「逃港潮」。特別點出 1962 年一筆，是見證當時內地生活有多困難；可是，深圳水庫乃至之後的東深工程，都在那階段規劃及動工，且均按計劃一一完成。

而整個東深供水工程往後四十多年的變化，正好見證了中國在科技及工程技術上的不斷進步；當中還包括人這一環的改善及進步 —— 東深供水系統人員的學歷及工作條件都在不斷變化。

甚麼都不用說，就看看一張張照片。由 1965 年東深供水首期工程竣工典禮上的剪綵照片開始看起（照片的禮儀侍女穿布鞋），之後是一期、二期、三期的改造工程的照片（見第三章第三節）。中國的變化與進步，就在其中。

圖 3：可由圖片感受當年生活，中國是在甚麼情況下完成工程。

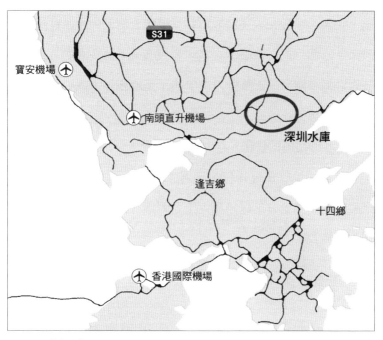

圖 4：深圳水庫位置。

四　百日堤壩

1960 年頭三個月是關鍵時期。寶安縣各階層人民，機關、企業、學校和人民解放軍駐縣部隊，為深圳水庫建設貢獻最大。三個月內，機關、企業、學校有 1.1 萬多人次，人民解放軍駐縣部隊有 1.4 萬多人次參與了工地施工、爆破等技術工作。部隊還派出汽車 40 多部支援水庫建設，完成了艱巨的建築器材、砂石運輸任務。

至 1960 年 3 月 4 日，不到 100 天，近 1000 米長、30 米高的主副壩土方工程勝利完工。陶鑄在正面壩坡上，親自題詞「深圳水庫」。

五　周恩來總理親自關注

深圳水庫動工期間，剛才說過是中國的經濟困難時期。在主壩興建過程中，同時鋪設了通向香港的輸水管工程，3.8 公里的輸水管所需要的 800 噸鋼材無法解決，水庫指揮部派出副總指揮趙俊謙到北京找國務院。國務院周恩來總理親自簽署了從鞍鋼運 800 噸鋼材的批示，從而解決了燃眉之急。

第二節　1963 年決定由深圳水庫擴展規模為東深供水系統

一　1960 至 1963 年由深圳水庫供水

1960 年 4 月至 9 月雨季期，深圳水庫開始蓄水。

1960 年 11 月 15 日，寶安縣人民委員會與港英當局首次簽定協議，每年由深圳水庫向香港供水 2270 萬立方米。

1961 年 1 月 25 日開始對香港試行供水，並於 2 月 1 日按協議正式供水。

1963 年 6 月至 1964 年 4 月，香港遭逢百年一遇的旱情，淡水奇缺。深圳水庫已即時新增輸水量 317 萬立方米。

深圳水庫建成蓄水後，出現滲漏現象，水庫工程指揮部於 1960 年 10 月至 1964 年 2 月期間實施加固施工，先後完成了溢洪道改建溢洪閘等工程。此後，水庫續建加固工程的尾工及擴建工程。

二　規劃更具規模的東深供水工程

深圳水庫的建造，成了後來東深供水工程很關鍵性的一

步。1963 年初，廣東、香港同遭大旱，港英政府更考慮實施隔三五日才供水一次的緊急措施。因為只靠深圳水庫的規模來供水，未足以長遠解決問題。於是，1963 年 12 月，東深供水工程方案確定，深圳水庫被納入東深供水工程的建設之內，並於1964 年 3 月擴建，預計於次年 1965 年 2 月完成。

1965 年 1 月，廣東省水利廳組織成立了「廣東省東江 — 深圳供水工程管理局」，東深供水工程沿線所有的水工建築物，包括橋頭進口閘、新開河道、管道、閘壩、各級抽水站、發電站、石馬河、沙灣河、雁田水庫、深圳水庫等都被納入東深供水工程管理範圍。（東江 — 深圳供水工程，本書簡稱「東深供水工程」。）

1965 年 3 月 1 日，正式以東深供水工程向香港輸送食用水。

東深供水工程此後在 1974 年、1981 年、1990 年分別進行了三期擴建工程，於 2000 年開始進行大改造。至 2003年，東深供水工程改造工程全部完成後，深圳水庫被賦予了新的功能定位，擔負對香港、深圳供水任務，並起淨化水質、攔洪削峰的作用。

三　1963 年情況嚴峻，周恩來總理親自過問

　　1963 年廣東一帶、包括香港，旱情嚴重。於是有關方面提議，由深圳水庫供水，擴大至由東深供水工程來供水。這倡議於當年 1963 年年底敲定。而 1963 年香港的水荒問題，情況嚴峻至周恩來總理親自過問。

　　1963 年 5 月，廣東全省對香港情況極為關懷，因為香港的旱情已傷及民生和經濟。5 月 25 日廣東省省長陳郁公佈，為了濟香港居民燃眉之急，廣東省願意盡力協助解決當時香港水荒的嚴重困難。只要香港方面能自備運水用具前來運水，廣東省準備在廣州市每天免費供應自來水 2 萬噸，或在其他適當地點供應淡水給香港居民食用。至於供水的具體問題，廣東省請香港方面迅速派人前來廣州與有關部門商洽。

　　5 月 28 日，新華社香港分社邀請港英政府盡快到廣州商談解決方案。6 月 10 日，周恩來總理審閱中共廣東省委《關於向香港供水問題的談判報告》時批道：「交涉是成功的」，並對向香港供水的一些事項作出安排。周恩來總理審批的中央《關於向香港供水談判問題的批覆》於 6 月 15 日發出，文內稱：「我

們已做好供水準備，並已發佈了消息，而且已在港九居民中引起了良好的反應」。

5 月 30 日，港英政府發出公告：從 6 月 1 日起實施嚴格制水，規定每 4 天供水 1 次，每次供水 4 小時；各街巷公共水喉隔日供水 1 次。

為了盡可能減緩水荒，港英政府在廣東省人民政府的大力協助下，頻繁派出巨輪到珠江口裝運淡水。此外，深圳水庫壓減寶安縣自身的用水量，在原協議供水量 2270 萬立方米的基礎上再增加對港供水水量 317 萬立方米。

由深圳水庫到東深供水工程，是一種怎麼樣的規模提升呢？

因為深圳水庫有了東江水石馬河支流在水量上的源源補充，深圳水庫的意義已不只是個水塘式的儲水庫。於是，改以東深供水工程的操作及規模供水香港，意味著供港水量何止倍增，也可以全日 24 小時向香港供水。而自 1965 年建成，至 2000 年前後的大改造的三十多年間，東深供水工程不斷升級改造，而供港食用水由水量至水質，乃至供水的靈活性都在不斷提升。

就是因為東深供水工程之存在，才令香港這個幾百萬人生活的地方，在水資源缺乏的先天條件下，卻打從 1960 年代下半葉開始已不用再受深度制水之苦；輕微的二級制水在 1970 年代仍然出現過，而這也是東深供水工程往後要擴建的原因之一。

當香港人扭開水龍喉就有自然水可用時，大概不要以為是「應然」的，主要是我們一直都被母親河東江水滋養。就是這條河，以及東深供水工程，令香港有源源不絕的自然水可用。

6 月底以運水船運水一事，老一輩的香港人應該有印象，但年青一代未必知道這些患難相濟的故事。當時，6 月 25 日，港英政府派出第一艘運水船「伊安德」號駛抵廣州黃埔港的大濠州錨地，於當天下午 5 時立即開始裝載珠江淡水，並立即運回香港。及後行動常規化，每次載運淡水 14500 噸。至翌年 4 月止，總共來往運水達 614 艘次，運水量 18 億加侖。與此同時，深圳水庫不斷增加供港水量，使得當年的輸水量增加到了 57 億加侖。

第三節　東深工程正式建設

將東江水輸送到香港，首先要引東江水南流至深圳水庫。問題在於，要實現這一目標，就要將原本由南向北流入東汀的支流 —— 石馬河變成一條人工運河，使河水由下游抽回上游，逆流而上。東深供水工程正是為實現這一目標而設計建造的一項超級工程。

1963 年，廣東省水利電力廳會同廣州市建設局、自來水

公司、惠陽地區、東莞縣及寶安縣等有關單位進行現場查勘，提出工程規劃初步意見，寫成《供給香港用水工程規劃意見書》，由廣東省水利電力廳上報廣東省人民委員會。工程佈局是在東江邊至橋頭邊挖一新開河，引進東江水，通過逐級提水倒流進雁田水庫跨過分水嶺而流入深圳水庫，最後通過管道輸送到香港、九龍，共裝 33 台電動水泵，動力共 6975 千瓦。

東深供水工程初期線路全長 83 公里，主力是逐級提水的50.5 公里石馬河道；此外還包括 13 公里沙灣河道，3 公里新開河，16 公里人工管道。全程由 6 個攔河壩，8 個梯級抽水站，2 個調節水庫，35 公里輸水管道組成。

1963 年 10 月 28 日，英國政府通過外交途徑正式向中國政府提出東江水供港的要求。中國政府接受了英方的要求，決定興建東江 — 深圳供水工程，以提升向香港供水的規模及水量。

一　1963 年底周恩來總理的定調
　　—— 供水談判可以單獨進行，要與政治談判分開

1963 年 12 月 8 日下午，周恩來總理在出訪非洲前專程轉

經廣州，聽取廣東省關於從東江取水工程方案的詳細彙報，並同當時的領導層陶鑄、陳郁、程子華等談話，指出：香港居民95% 以上是我們自己的同胞，供水工程應由我們國家舉辦、列入國家計劃，不用港英當局插手。並指出：供水談判可以單獨進行，要與政治談判分開。

此外，周總理認為供水方案採取石馬河分級提水方案較好，時間較快，工程費用較少，並且可以結合農田灌溉，群眾有積極性。周總理要求工程建好後，採取收水費的辦法，逐步收回工程建設投資費用。水費每噸水收人民幣 1 角錢。周總理指示速報國家計委審批，後經國家計委批准，由中央撥款興建，定名為東江 — 深圳供水灌溉工程。

1964 年 1 月 21 日，中國外交部西歐司謝黎司長約見英國駐華代辦賈維 (T. W. Garvey)，請他轉告英國政府和香港當局：中國政府決定興建東深供水工程向香港供水。中國政府將負責全部工程的設計和建設，並負擔全部費用。工程完成後向香港的供水細節，由廣東省與港方商談。

經周恩來總理批示，國家計委從援外經費撥出專款 3584 萬元，以支援東深供水工程，說明是用於為香港同胞盡快解決

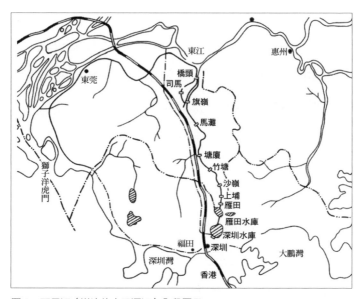

圖 5：石馬河（逆流的人工運河）全段圖示。

〔資料來源：《東深 —— 香港供水工程　粵港經驗交流及合作總結》（1998）〕

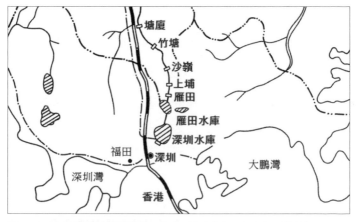

圖 6：石馬河逐級提水倒流進雁田水庫，過分水嶺，而流入深圳水庫。

食用水困難。當時，中國內地剛剛走出三年經濟困難時期，捱過了谷底式的低潮期，百業待興，撥款在當時是個天文數字。中國政府動用巨額資金和大量人力興修東江 — 深圳供水工程，既無從中牟利的打算，也未用之作為對英國政府施壓的政治手段。這體現出中國政府把香港的興衰和國家的發展聯繫在一起的精神原則。

1964 年 4 月 22 日，廣東省與港方代表簽訂《關於從東江取水供給香港、九龍的協定》，協議從 1965 年 3 月 1 日開始，每年由東深供水工程供給香港原水 6800 萬立方米。東深工程向香港供水由此拉開大幕。

供水與政治議題分而論之——不視之為政治上的交換條件

當年中央政府決定興建東江—深圳供水工程絕非是為做生意。1960 年代興建第一期工程時，國家才剛走出經濟困難時期。中央政府從援外經費撥出專款 3584 萬元，於當時是個天文數字。而所收水費僅為 1 噸水人民幣 1 角錢。1 角錢當時在內地也只能買到 10 塊普通的水果糖。收水費的原因僅僅為的是逐步收回工程成本。

周恩來總理還特別指示，要把供水談判與政治談判分開處理。這分明是國家急香港同胞所急、雪中送炭的善意行動。

東江水輸送到香港——石馬河分級提水方案是關鍵

- 🗎 原則：是引源源不絕的東江水石馬河支流逆行，南流流入雁田水庫，再用管道送入深圳水庫。於是深圳水庫的儲水量不斷得到補充，變成一個不斷有活水注入的蓄水池。
- 🗎 做法：東江水石馬河支流逐級提水改變本身流向，令水量流入雁田水庫；再由雁田水庫以水管跨過分水嶺，流入深圳水庫。
- 🗎 構思：東深工程，是要把石馬河變成一條人工運河，使河水經此運河由下游抽回上游；由原來的南向北流，改變為由北向南流，再引流入深圳水庫。

二　石馬河分級提水
——靈感來自小學課本「烏鴉喝水」故事

　　工程佈局是在東江邊至橋頭邊挖一個新開河，引進東江水，通過石馬河逐級提水倒流進雁田水庫，跨過分水嶺，而流入深圳水庫；之後，再通過管道輸送到香港、九龍。而將 50.5 公里長的石馬河道由北向南倒流，要經八級提水，將東江水從海拔 2 米，一級一級地提升 46 米後注入雁田水庫，再由庫尾開挖 3 公里人工管道，注水至深圳水庫，再由深圳水庫經 3.5 公里長的輸水鋼管直接供應香港。一位當年在建設工地現場奮戰的一線人員對整個工程做了一個形象的比喻：如同一座由北向南、高達四五十米的「大滑梯」，東江水沿著北面高低不等

的「梯級」，逐級被提升上梯頂的雁田水庫，再沿著「滑梯」（13公里沙灣河道）注入深圳水庫。

據説，1963年的工程設計者們是從小學生課本裏的「烏鴉喝水」的故事受到啟發，他們提出了三個方案，最後決定東江引水的方法，是沿石馬河多級提水到雁田水庫，然後跨越分水嶺流入深圳水庫。這方案的多級引水梯級是露天的，工程量和投資最小，兼有灌溉和排澇效益，且施工方便、工期短。而其後在運行管理及擴建工程時，也證明這工程方案的優越性，當年的選擇是正確的。

東深工程設計實施方案

東江邊至橋頭邊挖新開河。

☐ 石馬河由北向南倒流，經八級提水。

☐ 將東江水從海拔2米，一級一級地提升46米後注入雁田水庫。

☐ 再由庫尾開挖3公里人工管道，跨過分水嶺，注水至深圳水庫。

☐ 再由深圳水庫經3.5公里長的輸水鋼管直接供應香港。

三　東深供水工程施工概況

整條東深工程運河起自廣東省東莞市橋頭鎮，流經司馬、旗嶺、馬灘、塘廈、竹塘、沙嶺、上埔、雁田及深圳等地，全

長 83 公里，主要建設包括 6 座攔河閘壩和 8 級抽水站。於當時是一項宏大的「北水南調」工程。

1964 年 2 月 20 日，東深供水工程動工興建。工程按計劃 1 年內建成，按協議規定 1965 年 3 月 1 日開始向香港供水，改變過去不能全日向香港供水的局面。

東深供水首期工程規模浩大，鑿山劈嶺、架管搭橋，工程從設計、施工到設備的製造、安裝全部由我國自己組織、自己建設。任務相當艱巨，時間也十分緊迫。具體情況如下：

1. 絕大部分土建工程需要在汛期施工

施工過程中經歷了 5 次颱風暴雨，旗嶺、馬灘工地的圍堰分別 3 次被洪水沖垮，特別是 1964 年 10 月中旬 23 號強颱風吹襲，持續時間長，石馬河出現 50 年一遇大洪水，給施工帶來了極大困難。

2. 集合最大的人力物力

此工程項目多，工地分散，施工機械不足，全靠人力挖填、運料、打樁注漿。施工高峰期，工人和民工有 2 萬多人。整個工程建設得到了全國有關部門和所在縣、人民公社人力物力的大力支持。為工程加工製造機電設備的，有上海、西安、

哈爾濱等 14 個省市的五六十家工廠和廣東省內幾十家工廠，以及鐵路、公路、水運及民航等部門的協作，優先為工程設備進行加工、運輸和安裝。

1964 年 2 月 20 日，東深供水工程正式上馬。12 月 15 日，首期工程即告竣工，用時僅 11 個月，工程費 3584 萬元。到次年 1965 年 2 月全部機電設備安裝、調試工程勝利完工時，東深供水工程首期工程總投資達到 4500 萬元。

3. 大學生留守施工現場

謝念生是當年支援東深工程施工第一線的一名廣東工學院大四學生。據他回憶，當年，廣大公社幹部、社員群眾，對港九同胞的苦難，感同身受；對國家的號召，一呼百應。一夜之間，荒郊野嶺的工地蓋滿了工棚、磚屋，人聲鼎沸。建設大軍由上萬人組成，工程開展得熱火朝天。

正當東深供水工程施工開展的同時，整片的南粵大地卻深受旱情困擾，由於水利專業人員分散在各地一線搶修地方水利工程，令東深供水工程技術人員數量嚴重不足。就在這工期緊、技術難、壓力大的燃眉之際，廣東工學院積極配合組織，將 80 多位水電專業的大四學生調往一線支援。

謝念生就是這支持東深供水工程的大四學生隊伍中的一員。他們大多 20 歲出頭,正值年少。這群大學生滿腔熱血,豪情萬丈,懷揣「解除港九同胞苦難」的使命,不負重託,把三年半以來在校學到的理論知識、積累的工程實踐經驗發揮得淋漓盡致。大四、大五正是課程最緊張的時候,為了使工程順利完工,謝念生和他的同學一直堅守工地。原本他們可以在 9 月底返校復課的,但當月旱情嚴重惡化,粵港雙方幾經商議,通水日期又提前至 12 月。這可難為了這群工學院的大四學生了,對他們來說,錯過重要課程,耽誤的不僅僅是學業,還意味著這些學生的畢業設計和畢業分配恐怕都會受到影響,學院領導為此也很是為難。然而,在此重要關頭,學院權衡得失,以大局為重,讓學生們堅守工程現場。

1964 年 11 月 16 日,師生們歷經 224 個日夜的奮戰,最終完成了祖國和人民託付給他們的艱巨任務,依依不捨地離開東深供水工程施工現場。謝念生還記得老院長下工地慰問同學時講過的一席話:「幾十年後,當你們的兒子孫子問及你們一生的成就時,你們就可以說,我在學生時代就搞過中央級別的工程!」

4. 行三班制一年完成

今年已 70 多歲的張容夥老人，當年從部隊轉業後便調至東深供水工程，直到 1999 年才退休離崗。談及 40 多年工作生涯，他感觸最深的還是東深工程施工時期，舉國人民擰成一股繩，在極其艱難的條件下，最大限度地抽調人力、材料和物資，排除萬難保障這條供港「生命線」提早完工。「當時物資極度匱乏，周恩來總理親自批示，要求鐵道部以東深工程物資運輸優先，凡是工程物資抵達，第一時間運至現場。」

張師傅説，當年工程開建時恰逢多雨時期，建設亦並非一帆風順。從 1964 年 5 月底第 2 號颱風起，工地連續 6 次受颱風襲擊，風力最高時達十二級。東江乃至施工沿線頻受洪災侵襲，堆在工地的木料屢次被洪水捲走，甚至還有工人在颱風的「突襲」下獻出了年輕的生命。

張師傅笑稱，英國曾派水利專家組來沿線觀察，看到施工場景後放言，工程完工至少要 3 年。但該工程堪稱舉全國之力，工人採用三班制，保證每天 24 小時不間斷開工，最終僅用了 11 個月便超前完成。

1965 年 2 月 27 日，廣東省副省長林李明在東江 — 深圳

供水首期工程竣工典禮上剪綵。

第四節　東深供水工程輸港總體情況概述

東深供水工程

三次擴建

1974 年 – 1978 年

1981 年 – 1987 年

1990 年 – 1994 年

一次大改造

2000 年 – 2003 年

一　東深供水系統與香港雙方都有擴建工程

1965 年 2 月，東深供水工程勝利竣工，3 月 1 日開始供水，最初供水量為每年 6820 萬立方米。但由於經濟發展迅

猛，應港方要求，供水量逐年增加，到 1976 年供水量增至 1.68 億立方米，1987 年更達到 6.2 億立方米，1996 年增至 9.28 億立方米，平均每年遞增 6.0%。為此，東深供水工程由 1970 年代開始，進行了三次擴建及一次大改造。

第一期擴建工程於 1973 年開始動工，1978 年 8 月完工。

第一期擴建工程主要採取對原有工程進行技術改造，革新挖潛。在首期工程基礎上，擴建深圳水庫供水鋼管、擴挖新開河，也為部分水站增加水泵，加大抽水的動力。1974 年 3 月至 1975 年 12 月，深圳水庫擴建供水鋼管，主要包括：過壩段的進水口、閘門井、壩下涵管、壩後主管、支管、供水站等工程。

第一期擴建工程費用達人民幣 1483 萬元。港英政府為配合擴建計劃，於 1978 年也斥資 1.17 億港元，改善接收東江水的能力。東深供水工程一期擴建後，年供水能力提高到 2.88 億立方米，向香港供水量增至 1.68 億立方米。

第二期東深供水工程擴建工作於 1981 年開始進行。工程規模複雜艱巨，整個工程歷時 7 年，於 1987 年 10 月建成。

第二期擴建工程施工時間為：1981 年 1 月至 1984 年 12

月，深圳水庫輸水系統及加固擴建工程，工程內容包括：進水閘門井、穿壩頂管、輸水管道等輸水系統擴改建工程；深圳水庫主壩加高加固工程，加高深圳水庫主壩 1 米；以及改善深圳水庫水電站工程。此外，於新開河口興建東江抽水站 1 座；擴增原工程抽水站，主要是增加抽水機組；利用水力落差，為深圳水庫新建 2 座小水電站。

第二期擴建工程的特點是邊供水、邊施工。不僅要在施工期間繼續供水，還要逐年增加供水量，而且必須不影響沿線農田灌溉。二期擴建工程使對香港的供水能力達到首期工程的 9 倍，施工任務艱巨複雜。東深供水工程二期擴建後，年供水能力提高到 8.63 億立方米；其中，向香港年供水量增至 6.2 億立方米。至 1985 年，總供水量 27.87 億立方米。

第三期擴建工程於 1990 年動工，是一項大型梯級跨流域調水工程，工程總投資 16.5 億元，工程規模在二期工程基礎上擴大一倍，設計取水流量從 39.8 秒立方米增加到 80.2 秒立方米。年供水能力從 8.63 億立方米提高到 17.43 億立方米，相當於首期工程供水能力的 10 倍。第三期供水工程維持二期工程的水位不變，總供水量增至 17.43 億立方米，其中向香港供

水能力增加到 11 億立方米，向深圳供水量增加到 4.93 億立方米，向東莞沿線城鄉供水 1.5 億立方米。

東深供水工程三期擴建工程全部完成後，擁有 22 座抽水站、6 座攔河閘坎、2 座中型水庫、3 座水電站及長達 6.42 公里的大型輸水管道。竣工後徹底解決了香港長期缺水的狀況。

二 2000 至 2003 年的大改造

此次東深供水改造工程，包括建造專用輸水管道、全新抽水站、高架槽等。經全面改造後，輸水路線縮短至 68 公里，由 4 座泵站、2 套獨立供電網、2 座調節水庫等建築物組成。東江原水從源頭到達東莞新取水口 —— 太園泵站，再經蓮湖泵站、旗嶺泵站及金湖泵站，並以專用管道輸送至深圳水庫，再由水管分別輸送到深圳經濟特區，之後跨越邊界，到達香港的木湖抽水站。

三 1980 年代開始香港便不再制水

資金方面，用作輸送東江水到香港及深圳的專用輸水管道系統耗資約 41 億港元興建，當中約 23.64 億港元由香港特區

圖 7：現時供水系統的輸水路線圖。

〔資料來源：水務署《東江水供港 50 週年巡迴展覽》（2015）〕

政府在 1998 年向廣東省人民政府以免息貸款方式提供（分 20年攤還），幫助興建有關系統。經改造後的東深供水系統的設計，年供水能力提高至 24.23 億立方米，其中供港部分仍維持11 億立方米。

隨著東江水逆流而上翻山越嶺，奔湧著一路流入香港的水塘、流入湖庫，1982 年 5 月在實施了最後一次限時供水後，香港實行了一百多年的制水措施終於宣告結束，「制水」一詞成為了歷史！自此，24 小時供水至今從不間斷。港島、九龍、新界的千家萬戶、各行各業，從此用水無憂無慮。

廣東省政府一直重視東江原水的開發和保護，經過多年堅持不懈的努力，東江幹流中上游水質長期穩定維持國家地面水Ⅰ至Ⅱ類水質（河源市江段為Ⅰ類水質，惠州市江段為Ⅱ類水質），滿足飲用水源水質的要求，是目前廣東省主要江河中水質最好的河流之一。根據供水協定，每年向香港供水 334 天，每日 24 小時均勻供水。

四 東江水與香港經濟、產業的關係

1980 年代後期，香港本地生產成本急劇上升和海外市場

競爭加劇。與此同時，適逢中國內地進行改革開放，不少地方都招商引資冀搞活經濟；地方上的優惠政策吸引了眾多港商將勞動密集型的工業，尤其是耗水量大且污染嚴重的工業，大規模轉移到中國內地，特別是珠江三角洲地區。有的行業 70% 以上的工廠在珠江三角洲開辦分廠，建立規模巨大的外發加工基地；而留港的製造業也加快了技術升級和工業轉型。

1990 年代以後，製造業升級基本完成，傳統的密集型產業趨於衰落，新興的技術密集型產業快速成長。工業結構的改變導致工業用水量，從 1990 年的 2.43 億立方米逐年減少到 2000 年的 0.91 億立方米，佔總用水量的比例則由 27.8% 降低至 10%；至 2010 年又下降為 0.57 億立方米，佔總用水量的比例為 6.1%。但 2010 年以後基本穩定，工業用水佔總用水量的比例在 6.1% 到 6.3% 之間徘徊。

服務業用水量則沒有減少，由 1990 年的 1.74 億立方米上升到 2001 年的 2.42 億立方米，佔總用水量的比例由 19.9% 上升至 25.8%。至 2014 年仍保持較高用水量 2.40 億立方米，佔總用水量的 25%，用水量基本保持穩定。

可以看出，20 世紀末，由於產業結構的變化，工業用水

呈遞減趨勢，並逐漸趨向一個穩定的低值，工業生產總值佔本地生產總值的比重，也從 1984 年的 24.3% 下降到 2014 年的 1.4%，並保持穩定。服務業用水比 1990 年代有了較大幅度的上漲，到 2000 年以後基本保持穩定。

　　2003 年至 2015 年間，香港的淡水總用水量基本維持在 9.2 億至 9.8 億立方米之間，保持比較平穩的狀態。

新水源──海水的淡化利用

　　為緩和淡水長期供水緊張的局面，香港開始探尋新的水源供水途徑。

　　1971 年興建了一個實驗性的海水淡化廠。次年又投資 4.8 億港元動工興建樂安排海水化淡廠（Lok On Pai Desalting Plant），位於新界青山，於 1978 年 10 月最終建成。日產淡水量為 18.18 萬立方米，年產量超過 6643 萬立方米，相當於 48 天的食水需求量。

　　隨著本地水源不斷拓展，尤其是東深供水工程對港供水量的大幅度增加，因成本高昂，樂安排海水化淡廠自 1982 年起停止生產。1991 年海水淡化廠拆卸完畢，部分設施拍賣套現。

第三章

東江水的源頭及流域概況

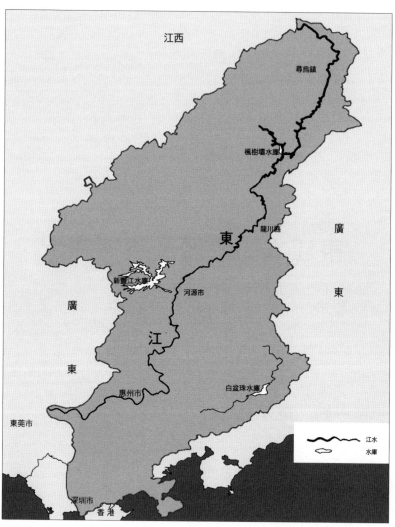

圖 8：東江水上中下游全圖。

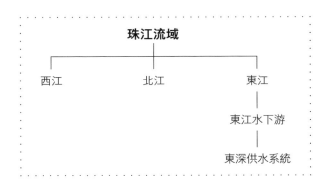

東深供水工程屬於東江水系的下游範圍。上游的源頭、流經的中游水質是否優良，直接影響下游的情況。於是，如要認識東深供水系統的水質狀況，必須同時知道整個東江水系的自然狀況。

第一節　東江流域概況

東江屬於我國南方最大的河流水系統之一，是珠江流域三大水系的其中一系。珠江流域由西江、北江、東江三大水系在珠江三角洲地區匯合而成，形成「三江交匯，八口入海」。

東江，顧名思義，是珠江流域處於東邊的大河。發源於江

西省尋烏、安遠和定南三縣，在廣東省的龍川縣合河壩匯合後成為東江。東江流域總面積達 35340 平方公里，其中廣東省境內流域面積為 31840 平方公里，佔流域總面積的 90%。東江幹流全長 562 公里，其中在江西省境內長度為 127 公里，廣東省境內為 435 公里，流經龍川縣、河源市、惠州市、東莞市等地，匯入獅子洋。

東江水主要靠降雨匯流而成，多年平均徑流量為 327 億立方米。

除提供水資源外，東江水還肩負航運、發電和生態保育等功能。東江流域中上游建有 3 座大型水庫，分別為新豐江水庫、楓樹壩水庫和白盆珠水庫，總容量為 170.6 億立方米。其中，位於廣東省河源市的新豐江水庫（又名萬綠湖），是廣東省最大的人工湖，湖面面積為 370 平方公里，容量達 139 億立方米。此外，位於惠州市的東江綠道，沿東江而建，全長 18.8 公里，可供市民及遊客欣賞東江及附近的自然景色。

東江為香港及廣東省 7 個城市，包括廣州、深圳、東莞等多達四千萬人供水。隨著廣東省近年人口快速增長和社會經濟高速發展，東江流域用水需求迅速增加。為加強東江流域水資

源管理，廣東省於 2008 年頒佈了《廣東省東江流域水資源分配方案》，為香港和廣東省 7 個城市可取用的東江水量設定最高限額，其中，香港每年可分配的供水上限為 11 億立方米。

第二節　東江水的上中下游
——東深供水系統在下游

一　東江水的上中下游

東江流域地勢東北部高，西南部低。

1. 上游起點

東江發源於江西省贛州市尋烏縣、安遠和定南三縣，河水清澈透明，楓樹壩水庫水質一直保持在 I 類水質標準。股股清泉匯聚成河，在廣東省的龍川縣合河壩匯合後成為東江。

2. 中上游

廣東省河源市，是東江流域客家人的聚居中心，位於廣東省東北部。河源市水資源豐富，東江幹流河源段水質約達到國家地表水 II 類水質標準，全市人均水資源約為全國、全省人均

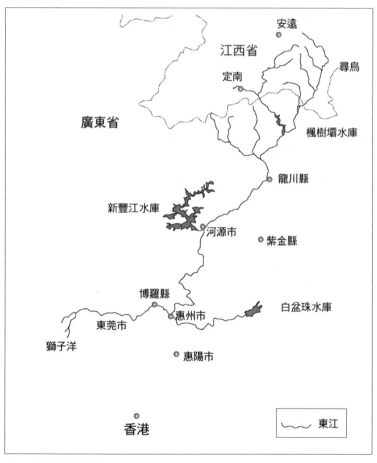

圖 9：東江流域示意圖。

水資源的兩倍。華南地區最大的水庫新豐江水庫就在境內。新豐江水庫水質一直保持在 I 類水質標準。

3. 中下游

惠州市位處廣東省東南部，珠江三角洲東北端。自古以來就是東江流域政治、經濟、文化、交通中心。惠州市環境品質穩定優良，城市空氣優良天數比例 97.5%；城市飲用水源水質100% 達標。而東江幹流惠州段的水質也屬優良級別。東江幹流於惠州市的博羅進入東莞市境內。

4. 下游

東莞位於廣東省中南部，東江下游的珠江三角洲。

而引流東江水的東深供水工程，惠及了東莞、深圳、香港三地的，是東江下游的水系。

二　逐級倒流將水送入石馬河

石馬河發源於寶安區龍華鎮大腦殼山，河流由南向北，流經寶安的龍華、觀瀾、東莞的塘廈、樟木頭，在陳屋邊匯潼湖水，於橋頭的新開河注入東江。全流域集水面積 1249 平方公里，主河長 88 公里，平均坡降 0.51%。

石馬河原是東深供水工程的輸水河道，1964年為解決香港用水，開始興建東深供水工程，沿石馬河主幹流和支流雁田水建築6個梯級和8個抽水站，使該河流向改為由北向南，河水逐級倒流，送入雁田水庫，再經輸水管道進入深圳水庫。

隨著沿河各鎮的經濟發展，生活污水未有效處理而排入石馬河，使水質受到污染。為了保障香港的供水水質，避免污水沿途排入，隨後於2000年開始進行大改造的東深供水工程，不再利用石馬河作為輸水河道，而改用專用輸水管道輸水，該輸水管道工程於2003年6月28日全線完成通水。失去了輸水功能的石馬河，恢復了河流原有的天然流向 —— 由南向北。

儘管石馬河不再作為輸水河道，但受到水污染的石馬河，由於水質不能達到水環境目標的要求，需要整治。2005年建成石馬河橋頭調污工程，並於2009年對橡膠壩進行擴建改造，改善了石馬河的水質狀況。

目前，正在開展石馬河綜合整治，對防洪、岸線、排澇和水環境進行全面治理。治理工程包括拆除橡膠壩，在河口新建節制閘，擴建調污箱涵，加大引水流量，將石馬河及潼湖流域受污染的水導入東引運河，並通過東引運河在虎門排至出海

口，確保枯水期東深供水工程和東江幹流水質不受石馬河污水的影響。工程已於 2015 年 3 月開工，預計 2018 年 6 月完成全部工程。

第三節　依法科學治理東江水

東江是廣東省重要的飲用水源。約四千萬人的生活與生產供水，就靠東江水系。流域內江西、廣東兩省一直都高度重視東江源生態環境的保護和東江幹支流水質的保護，將其作為「政治水」、「經濟水」、「生命水」，用最嚴格的法律法規、管理制度和監管措施進行保護。

一　國家層面的流域法律法規

不管甚麼地方、甚麼省份的水系統，都有一套基本立法去依法監管和治理。中國政府一直努力推動，將水資源的保護和管理納入法治化的軌道。以下是國家層面的相關法律例文：以《中華人民共和國水法》為龍頭，以《中華人民共和國防洪

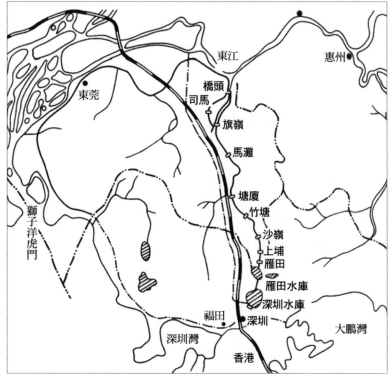

圖 10：初期供水系統的輸水路線圖。

〔資料來源：《東深 —— 香港供水工程　粵港經驗交流及合作總結》（1998）〕

法》、《中華人民共和國水土保持法》和《中華人民共和國水污染防治法》為骨幹，共同構成我國現有的水資源管理法規體系。

水資源屬於國家所有，國家執行流域管理與行政區域管理相結合的管理體制。

以下是部分例子，讓大家知道所管的內容為何。

1.《水法》中有關水資源管理的法律規定

《水法》建立了若干項具體的水資源管理制度，即水資源戰略規劃制度、重要江河、湖泊的水功能區劃制度、飲用水水源保護區制度、河道採砂許可制度、水資源的宏觀調配制度、用水總量控制與定額管理相結合的制度、取水許可制度和有償使用制度等等。

2.《水污染防治法》中有關水資源管理的法律規定

《水污染防治法》制定了水污染防治的監督管理制度。具體包括：流域水污染防治規劃制度、建設專案水環境影響評價制度、防治水污染設施「三同時」制度、排污申報登記制度、排污收費制度、重點污染物排放總量控制制度及排污削減核定制度、城市污水集中處理及收費制度、飲用水水源、地表水源保護區制度、落後生產工藝設備淘汰制度、限期治理和現場檢

查制度等。

3.《水土保持法》中關於水資源管理的法律規定

《水土保持法》是預防和治理水土流失，減輕水、旱、風沙災害，改善生態環境的立法。國家對水土保持工作實行預防為主、全面規劃、綜合防治、因地制宜、加強管理、注重效益的方針。實行水土保護規劃制度、劃定水土流失防治區域制度、建設專案環境影響評價制度、水土保持設施「三同時」制度，建立水土流失綜合防治體系，按照誰承包治理誰受益的原則實行水土流失治理承包制度，建立水土保持監測制度及防治水土流失現場檢查制度。

綜上所述，國家水法規體系，體現了水資源管理法律制度，從排放控制發展到生產控制，從末端控制發展到末端控制與源頭控制相結合，從單一性要求發展到綜合性要求，只有這樣才能有效地從根本上起到有效保護流域水資源的作用。

二　廣東省針對東江及東深供水系統流域而立的法規

據不完全統計，廣東省對東江流域及東深供水工程沿線水資源保護頒佈和制訂的條例、規章和文件有 18 個，其他適用

於東江流域水資源保護的條例、規章和文件有 17 個，合計為 35 個。

《廣東省東江水系水質保護條例》

《東深供水工程飲用水源水質保護規定》

《廣東省東江水系水質保護經費使用管理辦法》

《廣東省人民政府關於進一步加強東江水質保護工作的意見》

《廣東省東江流域水資源配置方案》

《廣東省東江西江北江韓江流域水資源管理條例》

《廣東省東江流域新豐江楓樹壩白盆珠水庫庫區水資源保護辦法》

《廣東省東深供水工程管理辦法》

《廣東省東江水量調度管理辦法》

《關於嚴格限制東江流域水污染專案建設進一步做好東江水質保護工作的通知》

《廣東省珠江三角洲水質保護條例》

《廣東省跨行政區域河流交接斷面水質保護管理條例》

《廣東省建設項目環境保護管理條例》

《廣東省實施〈中華人民共和國水法〉辦法》

《廣東省環境保護規劃》

《珠江三角洲環境保護規劃》

《廣東省人民政府關於加強水污染防治工作的通知》

《廣東省最嚴格水資源管理制度實施方案》

《廣東省實行最嚴格水資源管理制度考核辦法》

《惠州市東江水質保護管理規定》

《惠州市最嚴格水資源管理制度實施方案》

《惠州市實行最嚴格水資源管理制度考核暫行辦法》

《東莞市最嚴格水資源管理制度實施方案》

《東莞市實行最嚴格水資源管理制度考核暫行辦法》

《關於東江水環境綜合整治績效評價及獎懲的意見》

《河源市東江水環境綜合整治工作指引》

《河源市最嚴格水資源管理制度實施方案》

《河源市實行最嚴格水資源管理制度考核辦法》

《河源市南粵水更清行動計劃（2013–2020 年）實施方案》

《關於加強萬綠湖集雨區環境保護管理的意見》

《關於加強新豐江楓樹壩水庫及入庫支流水質保護的通知》

《深圳水庫水質管理暫行規定》

《深圳市飲用水源保護區管理規定》

《深圳經濟特區環境保護條例》

《深圳經濟特區飲用水源保護條例》

上述條例、規章和文件之多、內容之詳細、涵蓋面之廣，可以說完全反映對東江這條母親河的重視。

三　現代化的組織管理系統

東江流域，以及東深供水的水資源管理和保護，由水資源行政主管部門和環境保護行政主管部門共同構建了合理、高效的組織管理體系。

其組織管理體系圖示如下：

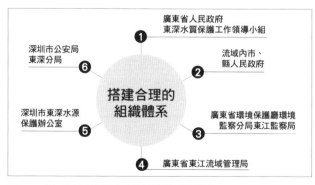

圖 11：東江流域東深供水水資源管理組織體系。

有組織管理體系之外，具體治理也力求科學化。舉例說，為了對如何管理有清晰的概念，管理方把沿河的土地，按水功能劃分為不同區域，令管理具體化，執行者知道要在某一區域內管些甚麼，有甚麼級別的指標要求。現時整個東江流域水功能區分為一級區和二級區兩種。

一級水功能區包括保護區、保留區、緩衝區和開發利用區。

二級水功能區包括飲用水源區、工業用水區、農業用水區、漁業用水區、景觀娛樂用水區、過渡區和排污控制區。

2011 年，國務院批覆了《全國重要江河湖泊水功能區劃（2011 — 2030 年）》，東江流域共劃定水功能一級區 30 個，長度 1192.4 公里。其中緩衝區 3 個，長度 48 公里；保護區 7 個，長度 351.9 公里；保留區 7 個，長度 488 公里；開發利用區 13 個，長度 304.5 公里。

東江水功能區的劃分，為管理好、保護好東江水，提供了基本依據和細緻的目標，做法非常科學。

四　流域水質的綜合治理

為保證東江水質，廣東省全力開展東江流域綜合整治工

作，例如加快污水處理設施建設、加大畜禽養殖污染治理、加強生態公益林建設等多種措施，持續推進東江流域的綜合整治，並取得階段性的成果。

2011年以來，流域內河源、惠州、東莞、廣州、深圳五市共拒批涉水重污染項目約7000個，淘汰重污染企業1336家。

自2011年以來，流域內河源、惠州、東莞、廣州、深圳五市整治河涌225條（段），整治河道長1900多公里，投入資金90多億元。其中，為深圳沙灣河綜合整治工程進行精細化推進，致力恢復河道生態多樣化，改善水質。

截至2016年底，流域內已建成污水處理設施142座，日處理能力924.8萬噸，佔全省污水處理能力的40%，累計建成污水管網約6000公里。

五 《分水方案》
——「睇餸食飯」式的水資源規劃運用

《分水方案》，是《廣東省東江流域水資源配置方案》框架下，各地的用水分配方案。說白了，就是「睇餸食飯」。最高

管理方為沿河各地設定「可用水量」。這個「可用水量」是「結果」、執行的目標,各地在這結果之上把用水配額分出去給不同用水單位;總之,各行各業得到的用水配額,加起來不可以超過事先定好的「可用水量」的「結果」。以下以東莞市、惠州市為例加以解說。

東莞市按照《分水方案》的要求,開展全市水資源配置工作,制定鎮、街水量分配控制目標,並配套出台相應的監督和管理制度。同時,東莞市還抓緊制定《東莞市用水定額》及管理辦法,積極推進和指導啤酒製造、造紙、紡織等高耗水行業的節水技術升級改造,也發佈啤酒、造紙兩個行業取用水定額地區聯盟標準。特別針對造紙行業進行整治,按照「五個必須」的要求,對造紙企業進行全面整改,例如廢水回用率必須達到80% 以上,廢水處理必須採用化學加生物處理工藝,配套鍋爐必須建設脫硫設施,必須配套建設線上監測監控系統,必須實行清潔生產,建立健全造紙行業長效管理機制等等。經整改,東莞保留的 95 家造紙企業廢水回用率基本達到 80% 以上。同時,以高於國家標準要求,關閉年產量 5 萬噸以下的小造紙廠。

再以惠州市的《分水方案》為例。惠州市根據《分水方案》

制定水資源配置指標，以及制定惠州市水資源配置方案，將指標分解到各縣區，對用水量進行限制，對於新上項目必須考核用水量。惠州市為貫徹落實《分水方案》，鼓勵節約用水，實行更具人性化、受市民歡迎的少用水、有折扣的階梯式計量水價。按照該收費模式，每戶每月用水量 25 立方米以下部分，按基本水價收費，如果用水量低於 18 立方米以下（含），則將按基本水價的 90% 計收水費。用水量超 25 立方米以上，則高於基本價收費。

由上述例子可見，只要不超過被分配的區內用水限額，各地可彈性安排其工業發展，及管理居民生活用水。高耗水行業如造紙業也可以保留下來，關鍵是要科學地處理耗水量，令它的存在不會導致區內用水超標即可。

《分水方案》是個已推行了十年的管理方法。當時，2008 年 8 月，廣東省人民政府頒佈《廣東省東江流域水資源配置方案》，按照流域管理相互協調的原則，對東江流域的水資源實行全年統一調度配置，確定了東江沿線水資源開發利用的紅線，以總體上不超過 33% 為準。對重要的斷面（河段）水量水質，更提出雙重保險的控制目標，務求科學分配受水各地市及

香港的取水量指標。

六　水資源水量水質監控監測網絡化

環保部門、水利部門同時在東江流域建有水質自動監測站，即時監測東江流域水質。與此同時，在東江流域建設東江水資源水量水質監控系統，對跨市河流控制斷面、支流匯入幹流的控制斷面、控制性水庫出庫斷面等實施水量、水質監控，實現環保、水利資料共用。

1999 年實施《廣東省地表水環境功能區劃（試行方案）》，明確了東江幹流及主要支流的使用功能和水質控制目標。

2013 年印發《關於在東江流域深化實施最嚴格水資源管理制度的工作方案》，有效地推進流域水資源管理。

目前，東江流域已建成較為完善的水質監控網絡。在東江流域共設有 144 個水質監測斷面（包括各市自己設置的斷面），共監測 56 條河流和 29 個湖庫。東江幹流和大部分支流的水質都得到監控。

2014 年 1 月，東江水量水質監控中心實體環境建成，項

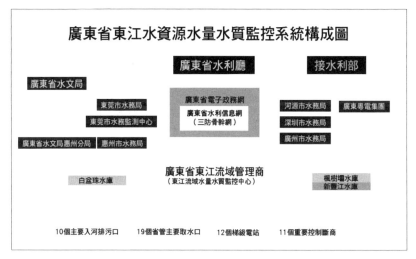

圖 12：廣東省東江水資源水量水質監控系統。

目總投資 9885 萬元，其中資訊系統建設項目為 5398 萬元。
系統覆蓋幹流及主要支流的 55 個主要監控物件，並建立即時
資訊採集設施，一切都由視像鏡頭傳送即時實況。又從省水利
廳、惠州、東莞接入水利工程視頻圖像 200 多路。

七　依法管理之外不忘教育

　　東江流域各市高度重視水資源節約與保護方面的宣傳工

圖 13：廣東在東江流域建成全國首個水質水量雙監控系統，為東江流域水量調度，保障對香港供水安全發揮重要作用。(鄒錦華攝)

圖 14：東深供水工程實行 24 小時智慧調度。圖為粵港供水總調度室。

作。每年以「世界水日」、「中國水週」為契機，開展一系列宣傳活動。

2011 年 3 月，以「省節約用水辦公室」名義製作《節約用水宣傳手冊》並派發社會各單位和個人。

2015 年 3 月，在《南方日報》開闢「問水廣東」專欄，分別以節約用水、水資源保護、河道保護與治理為主題，對廣東省水資源管理保護和河道保護治理成效進行了專題系列報導。專題還以法規速讀形式摘要宣傳《廣東省實施〈中華人民共和國水法〉辦法》的主要內容。利用國家最嚴格的水資源管理制度考核，水資源公報發佈等契機，在電視、網絡、報紙等媒體對相關工作進行了專題報導，引起了廣泛關注。

2016 年 3 月，以「愛水惜水護水，建設美好家園」為主題，組織開展相關宣傳活動。

第四節　深圳水庫及東深工程流域水資源管理與保護

東深供水工程的機組情況

東深供水工程，北起東江，南到深圳河。2000 年大改造後，由 68 公里專用輸水管線、6 座泵站、2 座電站、2 套獨立電網、2 座調節水庫和 1 座生物硝化站等建築物組成。

一　2000 年大改造後的抽水、輸水情況

東深供水工程在 2000 年經大改造後，採用箱涵、渡槽和隧洞等專用輸水管道運水，從根本上解決了輸水過程中的水質污染問題。同時，專用輸水系統多採用敞開式設計，原水在輸送過程中能充分接受陽光照射，水質生態得到有效調節，原水活性顯著增強。

整個供水工程採用雙電源、雙回路、不共塔供電方案，確保電力不間斷供應。每座泵站均裝備 2 台備用機組，確保供水不間斷。深圳設立工程主用調度中心，東莞塘廈金湖泵站設立緊急備用調度中心，確保特殊情況下仍可調度運行。通訊系統設置為一天一地雙光纖，確保工程資訊全天候暢通。建立國家

級水環境監測中心：導入 ISO17025 國際標準體系；獲得 CNAS
（中國合格評定國家認可委）實驗室認可證書；引入國際領先的
實驗室執行資訊系統（LIMS）；獲認可能力達 280 項，覆蓋地
表水、生活飲用水和污水三大品質標準的大部分指標。

二　城市污水治理

從 1980 年代中期開始，深圳市城市污水排放量以年均
10% 至 15% 的速度遞增。1995 年，全市城市污水排放量達
到 5 億多噸，2000 年逾 7 億噸，佔廢污水排放總量的 85% 以
上，成為威脅河流和水庫最主要的污染源。

在此背景下，加快建設城市污水處理設施，提高污水處理
率，成為越來越緊迫的任務。1983 至 1999 年，政府先後投
資逾 200 億元，建成蛇口、濱河、布吉、羅芳、平湖 5 座污水
處理廠和深圳市污水排海工程。2000 年，橫崗、觀瀾、龍田
3 座污水處理廠，沙田人工濕地處理工程，觀瀾河水污染治理
應急工程和深圳水庫污水截排工程等，都開始動工建設。2000
年，城市污水日處理能力為 119.6 萬噸，處理率達 54%。

三　深圳水庫流域水資源保護

深圳水庫是深圳、香港兩地的主要飲用水源，是東深供水工程最後一座調節水庫，水庫及其引水渠流域面積 60.5 平方公里，總庫容 5101 萬立方米。廣東省政府劃定了深圳水庫水源保護區，一級保護區面積 7.40 平方公里，二級保護區面積 51.58 平方公里，保護區禁止一切污染項目建設。

1980 年代後期，深圳水庫流域內經濟發展，人口快速增加，水質污染開始加重。1990 年代開始，加強水源保護區環境保護執法、監督和管理，整治一大批污染企業，並投入鉅資加大截污治污，建設流域生態環境。目前，水庫水質優良，水庫大壩以上保護區內是鬱鬱蔥蔥、枝繁葉茂的森林，壩下是市民休閒、娛樂、健身的綠色生態公園。

四　污染治理工程建設

1986 至 1987 年，深圳市建成樟樹布和沙西排污泵站，將沙灣地區 16 平方公里範圍內的污水截流抽排至布吉河排放，抽排量每日 5000 噸。

1990 年 6 月，建成全國首個人工濕地污水處理系統 ——平湖鎮白泥坑人工濕地污水處理系統，佔地 12.6 畝，處理污水每日 3100 噸。

1993 年 8 月，樟樹布和沙西排污泵站排污工程擴建，工程投資 2100 萬元，於 1995 年 2 月竣工投入運行，其污水抽排能力由原每日 0.5 萬噸提高到 2.5 萬噸。

1994 年初，建成白泥坑污水處理廠，其污水處理量每日 4800 噸。

次年 10 月，完成沙灣排污泵站配套收集管網改造工程，解決了沙灣地區排污管網不健全、管道破損問題。

1996 年，環保部門在大望村建設 2 套微型生活污水處理裝置，處理該村八千多人的生活污水。同年 12 月，市政府頒佈《關於加強環境保護工作的決定》，要求在水源保護區全面推廣微型生活污水處理裝置。1996 至 1998 年，東深流域深圳轄區內建成微型生活污水處理裝置 55 套，其污水處理量每日 3034 噸。

1997 年 11 月，大望村污水截排工程動工建設，工程總投資 2775 萬元，於 1999 年 7 月建成投入使用，將該村每天 1.1

萬噸的生活污水截排至水庫流域外。

1998 年 1 月 5 日，深圳水庫生物硝化工程動工興建，總投資 2.8 億元，12 月 28 日建成並投入使用。工程設計日處理水量 400 萬立方米，在目前世界上同類工程中規模最大。對源水氨氮去除率達 75% 以上，其他各項水質指標也有明顯改善。

工程採用生物接觸氧化工藝。那是一種「零添加」、「天然無副作用」，也是當前一種主流、日益成熟的水處理生物技術。這種技術具有結構簡單、處理效果穩定等特點。同年 8 月，平湖污水處理廠一期工程動工建設，工程總投資 8000 萬元，其污水處理量每日 3 萬立方米，於 1999 年底建成投入運行。

2001 年 4 月，沙灣河污水截排工程動工建設，這是保證和改善深圳水庫原水水質的關鍵工程，也是東深供水改造工程的重要組成部分之一，更是保護深港兩地數千萬人民的「大水缸」安全的重要屏障。該工程包括沙灣河水閘、污水通道、延芳路頂管及附屬工程，總控制流域面積 47.2 平方公里，總投資約 4.5 億元，於 2003 年 11 月建成投入運行。

2016 年 12 月，沙灣河流域水環境綜合整治工程動工。

　　沙灣河流域位於深圳龍崗區境內，屬於深圳水庫二級水源保護區範圍，流域面積（沙灣水閘以上）26.1 平方公里，幹流全長 10.5 公里。沙灣河流域水環境綜合整治工程，總投資 6.4 億元，整治內容包括：河道防洪達標、水質改善及生態景觀修復，河道整治全長 13.77 公里。新建污水收集處理系統（鋪設沿河截污管及污水轉輸壓力管）及 1300 米應急溢流管，提高污水處理能力（日處理能力由 5 萬噸提高到 10 萬噸），實現旱季污水 100% 截流，超過截流標準的雨污混合水，會優先通過應急溢流管排入沙灣截排隧洞。小雨時污水不入河，保證河水不黑不臭，大雨時削減河水污染負荷，減少入庫污染負荷，保護深圳水庫水質。工程預計於 2019 年完工投入運行。

第五節　為保護東江、東深供水水質做出犧牲的沿線各地

　　為了確保東江沿線地區和香港居民安全用水，充足用水，江西省、廣東省和香港特區政府一道，在穩定供水水量、水質

和水生態等多方面努力不懈。

2015 年 3 月 7 日，在十二屆全國人大三次會議香港代表團的討論中，中聯辦主任張曉明做了《怎樣認識香港與內地的經濟關係》的發言。他說：「在長達五十多年的時間裏 ……（東江沿途城市）千方百計保護著一江清水向港流。沿江當地政府沿著水庫修築十幾公里的防護林，對庫區實行全封閉管理，武警邊防官組建三十多年來一天兩次巡邏，有關部門每天對供港水質進行檢測」。

對於東江沿線的部門和百姓來說，保障這條「供港生命線」的水量水質，是一項重大而長期的國家政治任務；對此，他們從未懈怠。50 多年來，這條生命之水從未因設備問題中斷，從未發生過安全事故，其水質一直穩定保持在優於國家 II 類水源標準以上。

一　廣東省相關部門的付出

東江沿線各地為東江流域的水質保護做出巨大的努力和犧牲，為保障東深供水工程的水質，進行了持續數 10 年的跨區域治污之戰。廣東省為東江污染防治出台的有關政策法規達到

35 部之多，治理標準中「最嚴厲」、「最嚴格」等字樣頻繁出現。廣東省環境保護廳東江監察局、東江流域管理局、深圳市東深水源保護辦公室等機構，是專為保障東深供水工程水質而設的部門。深圳市還專門成立了東深公安分局，在渡槽、泵站等重要部段巡視。

二　萬綠湖的環境監測工作

2009 年，河源環保局組建萬綠湖環境監測分局，強化庫區水質保障。萬綠湖（即新豐江水庫）位於廣東省北部山區，它是東深工程最大的「水塔」，香港人每喝 3 杯水中就有 1 杯源自萬綠湖。

2015 年 2 月某日清晨，天微微亮，有些陰冷，萬綠湖分局副局長賴勁松已經登上了巡邏艇，開始他一天的監查工作。賴勁松介紹，5 年來他們每週都要在這片 370 平方公里的庫區巡邏兩次。巡邏的時候，早上 7 點就要出發，最遲要到晚上 11 點才能靠岸。沿途沒有飯館，餓了只能吃餅乾泡麵。夏天陽光暴曬，冬天寒風刺骨；巡邏艇不能靠近取水口，隊員們就搬出皮划艇划進去。多年來，萬綠湖已經形成了一套完善的水環

境保護和常態化的嚴格執法機制。用香港人的話，這裏的水質「沒得說」。

如果站在山上眺望，整個萬綠湖庫區滿目清碧，在綿延青山的包圍中，360多個島嶼星羅棋佈，宛如大海。原始美麗的景致，十分適合搞高端休閒渡假項目，從而吸引高水準消費。然而，在庫區內，高端旅遊業的發展被嚴格限制。近年來，新豐江林業管理局先後撤銷了燃油小快艇、伏鹿島、奇松島、水上機動娛樂設施等多個可能造成生態破壞的產業項目。

三　守護東深供水工程

深圳市公安局東深分局和武警專為供水工程駐守，數十年來專注於保障對港供水安全，從來沒有中斷過。據廣東省水利廳供水工程管理總局局長周德蛟回憶，1990年代，東莞約每星期停電1次，但供水工程從不停電；東深改造工程投入大，都有兩重保障措施，線路、調動中心、通信均有備用，這在全國的水利工程中是很少的。運行除停水期30天以外，全年保持供水。

粵港供水公司為保障好供港水量水質而盡心盡力，不敢有

絲毫懈怠。該公司副總經理黃振盈說:「安全供水的背後是『東深人』在工程管理、運營、維護方面付出的大量心血。」為保證無間斷的安全供水,公司建立了一套先進的管理系統以及嚴格的管理制度。在東深供水工程沿線 80 多公里,機組開機停機操作全部在深圳調度中心完成,沿線計量全自動,可做到無人值班,機組的效率是世界最高的。東深供水工程調度中心則實行五班三倒(三倒即三運轉)、雙人值班、24 小時無間斷監控。公司成立了專門的護水隊,全力保護工程安全。還為供港水專門設立水質化驗中心,投資幾千萬元,共有 300 多個化驗項目。公司每天監測水質,水質優於國家飲用水 II 類。這在全國的水利系統中處於領先地位。

四　地方政府付出的人力物力

在反對力量操作下,陸港兩地於 2016 年前後出現偶發的、個體性的摩擦。關於東江水供港問題也出現爭議。(詳見本書第六章。)

廣東省政協港區委員張均華認為,東江水是不能簡單地用金錢來衡量的,飲水當思源。他說,「東深供水的優質水資源不

是有錢就能買到的，香港要是不懂得珍惜，想要珍惜的城市多的是，誰都不差這個錢」。

東深供水工程初建時，國家財力十分緊張，加之中蘇關係惡化，外部環境極其險惡。但是，正處內外交困的黨中央和政府並沒有放棄香港同胞，而是承擔了設計、施工以及全部費用。據廣東粵港供水公司董事長徐葉琴介紹，1980 年代香港經濟騰飛，並於 1990 年代進入高速發展軌道，每年要求廣東增加 1000 至 3000 萬立方米的供應量。為了滿足香港需求，東深供水工程進行了 3 次擴建加一次大規模改造工程，累計耗資 76 億元。每年內地政府都會出鉅資保護東江水，而香港由於不屬於東江流域，從未繳納過任何環保費用。

東江水是「政治水」，即便深圳、東莞缺水，也要確保香港供水分毫不少。徐葉琴說，每次碰巧遇上東深工程機組檢修，停水 1 小時，深圳市政府就得承受很大壓力。為了保證香港用水，深圳、東莞等地的用水就必須受到限制，深圳和東莞政府甚至因此捱了市民的罵。

此外，徐葉琴亦透露，深圳、東莞等地用水受到影響和一些限制，但經濟發展需要大量水資源來配合，因此正考慮從西

江取水。「為了保障香港的用水量，廣東省的犧牲、投入是不可想像的。」

東深供水系統的擴建及改造工程累計耗資 76 億元

1980 年代香港經濟騰飛，並於 1990 年代進入高速發展軌道，每年要求廣東增加 1000 至 3000 萬立方米的供應量。為了滿足香港需求，東深供水工程進行了三次擴建加一次大規模改造工程，累計耗資 76 億元。每年內地政府都會出鉅資對東江水進行保護，而香港由於不屬於東江流域，從未繳納過任何環保費用。

五　部分地方為保護水質放棄及延緩工業發展

與保證水量相比，原來保障水質的代價更大、更艱巨。

溯江北上，東江源頭江西省尋烏縣境內，東江源村直到今天依然不富裕，2014 年村民的人均年收入不到人民幣 2400 元。這裏的村民為了堅守封山禁令，為了保護生態，全縣嚴格控制果業開發，縣政府引導柑橘果農改種闊葉林和小山竹。也有例外的，同樣是 2014 年，經過長期探索，同縣的養蜂戶何恩羊幸運地找到保護與謀生雙贏的方法。本來就養了 20 多箱蜜蜂的何恩羊，在實施封山禁令後，蜜蜂產蜜更多了。2014 年，他的養蜂年收入達到了 2 萬元。

韶關市新豐縣是廣東的重點扶貧縣，1990 年代曾名噪一

時的新豐造紙廠就在距離新豐江不到 2 公里的地方。當年，在粵北小縣城平均工資才四百多元的時候，廠長的月薪就已超過兩千元。然而，這家為縣財政帶來巨大收益的造紙廠，卻因每天至少排放 6000 噸工業污水而在 1997 年前夕被迫關閉。

這些年來，新豐縣拒接了幾十個涉及水的大項目，關停了 160 多家企業。一位當地官員說：「一個家也好，一個國家也好，總要有人吃虧，總要有人受委屈。」

廣州市政協港區委員、香港中國商會創會會長陳丹丹對於東深供水工程一直關注有加。她回憶道，幾年前有日本商人擬投資 10 億元與河源市（萬綠湖所在地）合資興建年產量 30 萬噸的、亞洲最大的紙漿廠，每年可使河源市增加 30 億元的產值和 6 億元的稅收。然而，這個工業總產值只有 25 億、全廣東最貧困的地級市為了保護東江水質，毅然放棄這個發財良機。「香港與內地 50 年『共飲一江水』真是苦了沿線百姓啊。」陳丹丹感慨萬分。

河源市政府為保護東深工程的水源地新豐江水庫，忍痛叫停了 3 條已經開建的庫區公路，關閉了新豐江水泥廠（直接導致該廠四百多名職工下崗失業，並背負二千多萬元的債務），

轉而採取投資更大、耗時更長的移民措施，就是為了防止「路通林毀水污染」。河源市水務局副局長賴壽雄説，儘管經濟並不發達，但河源近年來已拒絕了 500 多個可能產生污染的工業項目，累計投資額超過 600 億元。

六　建立流域生態補償機制

東江下游廣東省經濟相對發達，上游江西省相對較差，上下游區域間經濟發展差異懸殊。在水資源保護方面，這種差異不僅導致上游經濟落後地區的相對貧困，也導致上游經濟落後地區的保護資金投入、治理力度遠遠不及中下游經濟發達地區。如何縮小地區差別，已是一個涉及公平發展的重大社會問題。

近年，政府對生態補償、上下游補償機制的建立下過不少功夫。

2005 年，江西省政府與廣東省政府開展生態補償機制磋商，制定了《東江源區生態環境補償機制實施方案》。內容包括：江西省會投資 14.2 億元保護東江源頭；區內會致力植林，期望森林覆蓋率可達 85%；致力控制人為造成的水土流失等。

2009 年，廣東省每年從東深供水工程水費中抽取 1.5 億元，補償江西省國家級貧困縣尋烏、安遠和省級貧困縣定南關閉礦點企業的損失。

2012 年，《廣東省生態保護補償辦法》實施。2012 至 2014 年，廣東省財政安排東江中上游地區生態保護補償資金 3 億元。

2016 年 4 月，國務院發佈了《國務院辦公廳關於健全生態保護補償機制的意見》（國辦發 [2016]31 號），要求各地不斷完善轉移支付制度，探索建立多元化生態保護補償機制，逐步擴大補償範圍，合理提高補償標準等。同年 10 月，廣東省政府與江西省政府簽署《東江流域上下游橫向生態補償協定》。協定約定，兩省合作，以流域跨省界斷面水質考核為依據，建立東江流域上下游江西、廣東兩省橫向水環境補償機制，實行聯防聯控和流域共治，形成流域保護和治理的長效機制。

尋烏縣的扶貧攻堅

2017 年江西省東南端的尋烏縣全縣還有貧困村 65 個、貧困人口 28819 人，貧困發生率為 10.5%。習近平主席上任後，責成各地必須走好扶貧工作的「最後一公里」，提出精準扶貧、扶貧扶智等大原則，而脫貧攻堅也是尋烏縣由 2013 年至今，乃至今後一段時期內最重要的任務。

詳情可參看由中共尋烏縣委撰寫，發表於 2017 年 3 月的《尋烏縣扶貧脫貧工作調查報告》。

《尋烏縣扶貧脫貧工作調查報告》網址：http://paper.people.com.cn/rmrb/html/2017-03/17/nw.D110000renmrb_20170317_1-06.htm

第四章

東江水價格

近年來，香港社會情緒趨於分化，反對派特別是一些港獨分子，不斷挑撥香港民眾對祖國大陸的不滿，離間兩地間的感情。東江水供港項目也被一些港媒、港產電視劇，以及部分香港市民拿來質疑與攻擊。這些人認為內地供港東江水品質低、價格高，是內地借供水公司謀取暴利等等。究竟真相為何？本章嘗試尋找答案。

一切不是三言兩語可以說清的，在簡單表態之前，要立體地明白東江水的供應方式、如何釐定水量、水價包括或不包括些甚麼？在充分掌握基本資料及知識之前，其實很難判斷水價是貴、抑或便宜。談論供港東江水水價，不是 5 港元（1 立方米）以上算貴、以下算便宜那麼輕省和一刀切，它不是個可以簡單化的課題。必須有一定的基礎知識，之後才可以進行理性討論。

本章在簡介一些基本情況之後，會為香港水價做多方位對比。一是比較香港、深圳、東莞三地的水價，因為彼此都以東深供水系統為食用水的主要來源；二是與中國內地大城市如北京、天津等地的水價比較；三是跟國際主要大城市的水價比較；四是香港採用海水淡化供水成本與東江供水成本的比較。

通過多方位的比較，讀者自然會發現，內地對香港供水水價合情合理；而且東江水供港，是國家把香港視為一個整體、命運與共的反映。

第一節　東江水供港「水量」

先重溫一些重要概念：東深供水工程是個大型水利系統。東江水以東深供水系統向香港供水始自 1965 年 3 月 1 日，至今已五十多年，期間供港水量是一個動態變化的過程，有一定靈活性。而之前的 1960 至 1965 年，按合約協議固定地由深圳水庫（單一水利項目）向香港供水。至於 1960 年之前向香港供水的方法按情況而定，例如港府可以派船去珠江口取水。

東江水供港，總體上是以快速增長為主，但不斷按香港情況及變數作出細緻的配合調整。從中反映內地與香港在供水問題上的商議，50 多年來都是在有商有量、溝通密切、互動暢順下進行。

> **供水工程沿變**
>
> 深圳水庫（1960 年）
> 1961 年 1 月 25 日開始由深圳水庫對香港試行供水
> 並於 2 月 1 日按協議正式供水
> ↓
> 東深供水工程（1965 年）
> 1964 年 12 月完成
> 1965 年 2 月供水
> 2003 年「東深供水工程」改名「粵港供水工程」

一　量與比例都在增加

總體而言，由 1965 至 1989 年的 24 年間，香港耗水量實際每年平均增長率為 7.9%。因為香港有用水需要，東江水供港的水量便相應增加，這是個很正常的供求關係。增加的情況，可分以下不同角度來理解。

1. 水量上：從最初供水 6820 萬立方米，增加到 2000 年前後的 8.2 億立方米。

2. 比例上：香港人依靠東江水作為飲用水的比例逐年增加。以全港耗水量計算，由 1965 年以前約佔 20%，至 1985 年以後，東江水供港水量已超過全港耗水量的一半，成為香港人食用水的主要來源。至 2000 年，已佔到 76%；2004 年因

為天旱，所佔比例更高達 85%。

　　於 1965 年以東深供水系統供水香港之前，供港的食用水來自深圳水庫。那時，1960 年 11 月 15 日，港英政府首次與廣東省達成供水協議，粵港雙方先後曾 5 次簽訂供水協定，加上修訂協定在內，累計超過 10 次。雙方歷年簽訂的協定內容，幾乎每次都以增加供水量為重點。當時香港經濟發展勢頭迅猛，港英政府每隔一至兩年就得重新修正供水水量，從而需要簽訂補充協定和協定條款。

　　至 1970 年代起，香港水務署開始根據當前的食水消費量來預估未來食水需求的增長，並以此作為供水協議的基礎。1971 年夏季，平均每日耗水量為 2 億加侖，是年水務署估計食水需求年增長率為 8%。1978 年，香港環境司鍾信指出，香港平均每日耗水量為 2.7 億加侖，年用水量為 1000 億加侖，比 1972 年增加了 28.5%，並預計在未來十年內，食水需求將增加至每年 1760 億加侖，即是在舊有的 1000 億加侖的基礎上，廣東省東江水供應量將每年新增 370 億加侖（即增至當年東深供水工程的上限），香港每年仍欠 400 億加侖。東深供水工程的三次擴建工程，就是在上述的背景下拉開序幕。

東深供水工程

三次擴建

1974 年－1978 年

1981 年－1987 年

1990 年－1994 年

一次大改造

2000 年－2003 年

綜合而言，1960 至 1989 年的供水協議是以不斷增加供水量為基調的。這是當時為了適應香港經濟起飛、人口增長、生活改善、服務業擴大、製造業產能增加等綜合因素下而得出的

香港在「亞洲四小龍」階段未發生過 1963 年般的制水情況

「亞洲四小龍」一詞，用以描述大概自 1960 年代末至 1990 年代間，四個位於東亞及東南亞的經濟體：韓國、台灣、香港及新加坡經濟迅速發展的狀態。

亞洲四小龍在 1960 年代之前以農業和輕工業（小型工廠）為主，至 1960 年代經濟發展開始起飛，於 1970、1980 年代增速。主要原因是當時歐美國家已步入發達國家的層階，在環保及中產化的趨勢下，這些國家要將其國內勞動密集型的產業轉移至成本低、人口多、環保法規不完善的國家繼續生產。亞洲四小龍就在這階段吸引了外國資金大量投入，成為經濟發達國家的「國際加工基地」。這些國家不少都曾經或正處於殖民地狀態，在經濟分析上可以用「依附理論」（Dependency Theory）來解讀這些小國的「發跡」成因。

而香港於 1960-1990 年代間，是亞洲四小龍之一，也處於經濟起飛階段。如果這階段的香港不時制水，發展不可能很順暢。

而東江水供水協議，保證了香港在經濟迅猛發展的階段不受天旱少雨制約。無論豐水年份還是枯水年份，淡水供給都能有求必應。

結果。供水協議保證了香港不受天旱少雨的制約，無論豐水年份還是枯水年份，淡水供給都能有求必應。水荒對經濟的直接打擊，本書開始時已在第一章有所陳述。水量得到保障，為香港經濟減除一個大變數，於往後幾十年都能保持穩定發展，跟水資源供應穩定不無關係。

二 港方提出將「定量」供應，修改為「按年遞增供水量」供應

1989 年，香港水務署根據實際需要修改了供水協定的有關條款。

1988 年香港全年總降雨量只有 1685 毫米，1989 年為 1945 毫米。顧慮到來年有可能繼續少雨帶來旱情，為了確保東江水能滿足香港居民未來的食水需求，水務署在 1989 年以 3.5% 的增長率作基準，與廣東省簽訂增加供水協議，要求粵方將「定量」供應，修改為「按年遞增供水量」供應，在 1989 年簽訂的供水協議中明確說明 1989 年以後的供水量，將每年遞增 3000 萬立方米，直至年供水量達 11 億立方米時，供水量不再按年遞增，有效期為 1995 至 2008 年。協議並要求粵

方除了上述最低基本供水量之外，可在急需時，臨時增加供水量；但臨時增加的供水量，水價會比基本價格高 10%。

　　簽訂協定後第二年，即 1991 年，香港全年總降雨量只有 1639 毫米，水塘所收集到的淡水只有 1.8 億立方米，約為全港耗水量的 20%。是年東江水供港水量為 6.99 億立方米，比原來協議的 5.23 億立方米，增加了 33.7%。

三　踏入 1990 年代，協議轉為減少供水量

　　1992 至 2002 年，是協議輸港東江水量轉為減少的年份。

　　這 11 年間香港風調雨順，雨量充沛，平均降雨量 2525 毫米。1997 年降雨量更創歷史新高達到 3343 毫米。與此同時，香港工業用水量自 1992 年開始下降，因為製造業北移。香港工業用水量由 1992 年的 22500 萬立方米，下降至 2002 年的 8200 萬立方米。1992 年以後，香港食水需求增長放緩，耗水量年均增幅從 1965 至 1990 年間的 14.6%，急速下降到 1991 至 2002 年間的 0.7%。

　　根據 1989 年供水協定，供水量在「按年自動遞增」的原則下，至 1997 年，供水量將達 7.5 億立方米。為避免浪費，

港英政府與廣東省再度洽談，經過協商，1997 年供水總量將減少到 6.98 億立方米。1998 年，將每年遞增供水量從 3000 萬立方米下調到 1000 萬立方米，直到 2004 年。其後每年的供水量會再作修正。2004 年東深供水實際供水量為 8.1 億立方米，次年為 7.7 億立方米。

供水量不是只增不減

因為人口增加，以及香港沒有充足的水資源等先天原因，香港食用水的總趨勢是增無減是不可能大變的。而在大趨勢當中又定必會有反覆的小波動，令預計中的增長勢頭及幅度沒有出現。遇上這種小波動，東江水供水水量可以相應微調。由此可見供水量不是鐵板一塊，更非只增不減。供水量上的靈活微調是雙方的磋商協議，之後甚至有「彈性協議」、只買「水權」等很科學的供水概念。而供水可以靈活微調需要技術配合，近年供水量可以細緻，是國家水利機械技術進步、管理到位的反映。這一點，不是太多香港人知道。

所以，為避免浪費食水，1990 年代末，港英政府與廣東省曾洽談，經過協商，1997 年供水總量減少到 6.98 億立方米。1998 年，將每年遞增供水量從 3000 萬立方米下調到 1000 萬立方米，直到 2004 年。其後每年的供水量會再作修正。2004 年東深供水實際供水量為 8.1 億立方米，次年為 7.7 億立方米，是向下微調以配合香港的實際情況。

四　確定「彈性供水」協定，以及「水權」概念

在東深供水系統供水已達 8 億立方米的高基數下，港人的食用水已有相當保證。於 2006 年後，為了科學、高效地利用

東江水資源，香港當局和廣東省簽訂「彈性供水」協定。根據協定，東深工程對港供水的具體供應量，根據香港的實際需要而定。供水協定每 3 年簽署一次。

「彈性供水」協定規定，香港擁有每年 11 億立方米的東江水權。彈性供水，即是不預設每年供水量；港方須於每月月中之前通知粵方下月所需之供水量；每月的水量又分解到為每天。供水量因應本港的需求及水塘存水量的變化而調節，避免水塘滿溢，浪費食水。此外，每年於 12 月停供水 1 個月，以檢查及維修東江水輸水系統。

2015 年簽署的最新供水協定，是供水日期由 2015 年 1 月 1 日至 2017 年 12 月 31 日。香港水務署根據最新的食水需求預測進行分析，預計在供水可靠度達 99% 的情況下，2015 至 2017 年 3 年間，香港每年對東江水的需求量不會超過 8.2 億立方米。這意味著即使在百年一遇的極端乾旱環境下，香港仍可維持全天 24 小時供水。每年最高供水量上限為 8.2 億立方米。

不存在硬買東江水至要倒水落海

供港東江水不存在「硬買」至要「倒水落海」的情況;非但不會「硬買硬賣」,雙方在供水數量上的溝通,只要技術條件許可,更彈性至按月、按天去調整。

2006 年簽訂的「彈性供水」協定,規定香港擁有每年 11 億立方米的東江「水權」。彈性供水,即是不預設每年供水量;港方須於每月月中之前通知粵方下月所需之供水量;每月的水量又分解到為每天。供水量因應本港的需求及水塘存水量的變化而調節,避免水塘滿溢,浪費食水。此外,每年於 12 月停供水 1 個月,以檢查及維修東江水輸水系統。

第二節　東江水供港水價的總體情況

東江水供港的水量有一個動態變化的過程。而水價,也經歷一個動態變化的過程。

一　長達 17 年的只收回成本的計價方式

1960 年,第一份供水協議議定由深圳水庫供水,供水水價每立方米為 2.2 分人民幣,折合港元為 5 分。

1965 年,東江水供港水價初始定為 1 角人民幣,折合港

元 2 角 3 分，該水價一直維持不變，直到 1977 年後才改變。1960 至 1977 年，由廣東省提供的供港淡水水價，是以收回成本為原則的計價方式，並未將經濟利益放在首位，這段時期保持了 17 年之久。

二　水價逐步與市場經濟調控接軌

1978 年後，中國開始全面推進改革開放，發展經濟。

1980 年 8 月深圳經濟特區成立，珠江中下游地區特別是廣東省與深圳市經濟發展開始加速，水資源需求量大幅度增加。隨著改革開放的逐步深入，水價也開始逐步與市場經濟調控接軌。加上水污染日趨嚴峻，水環境治理與保護的成本也越來越高。在這樣的大環境下，水價也順應時代的發展適時調整上浮。

1978 年 12 月至 1982 年 12 月，東江水供港價格經歷了最早的幾番調整上浮，水價從每立方米 1 角人民幣調整為 1 角 5 分人民幣，折合港元從 2 角 3 分調整到 5 角。1982 年，又從 1 角 5 分人民幣上調到 2 角 5 分人民幣。（1960 至 1999 年供水協定及供水價格簽訂情況見下表）

1960─1999 年供水協議簽訂情況[1]

日期	協定內容	供水價格（元 / 立方米）	
		人民幣	港幣
1960 年 11 月 15 日	簽訂協定，從深圳水庫供水每年 2270 萬 / 立方米	0.022	0.05
1963 年	1963 年 5 月，深圳水庫供水增加 317 萬立方米，允許油輪在珠江口汲取淡水運回香港	0.022	0.05
1964 年 4 月 22 日	廣東省政府與港英政府簽訂《關於從東江取水供給香港、九龍協議》規定，從 1965 年 3 月 1 日起，每年供港 6820 萬立方米淡水	0.1	0.234
1972 年	增訂協議，增加供水量 8400 萬立方米	0.1	0.39
1976 年	增訂協議，增加供水量 1.09 億立方米	0.1	0.26
1977 年	增加供水量 1.43 億立方米	0.1	0.25
1978 年 11 月 29 日	簽訂按年遞增供水量協議。供水量由 1979 年的 1.45 億立方米逐步增至 1982 年的 1.82 億立方米	0.15	0.5
1980 年 5 月 14 日	簽訂《關於從東江取水供給香港、九龍補充協議》規定自 1983/84 年度供水 2.2 億立方米，逐年遞增 3000–3500 萬立方米。直至 1994/95 年度前，可達每年 6.2 億立方米	0.15	0.5
1982 年 1 月 1 日	─	0.25	0.825
1985 年 5 月 1 日	─	0.33	0.789
1987 年 12 月 23 日	簽訂協定，明確由 1989/90 年度開始，按年遞增供水至 1994/95 年度 6.6 億立方米	─	─

---

1 何佩然：《點滴話當年 ── 香港供水一百五十年》，商務印書館（香港），2001 年，第 221 頁。

日期	協定內容	供水價格 （元 / 立方米）	
		人民幣	港幣
1988 年	—	0.53	1.112
1989 年 11 月	與深圳市政府簽訂《關於同意參加東深供水三期擴建工程的覆函》，增加供水至 11 億立方米	0.578	1.201
1989 年 12 月 21 日	廣東省政府與港英政府簽訂《關於從東江取水供給香港的協議》明確說明，1989 年以後的供水量，將每年遞增 3000 萬立方米，直至年供水量達 11 億立方米時，供水量不再按年遞增，有效期為 1995-2008 年及預付水費問題，港方預付水費 15.8 億 (人民幣 11 億元)	—	—
1989 年 12 月 23 日	簽訂《關於廣東省東江至深圳供水三期擴建工程項目建議覆函》	—	—
1990 年 2 月 10 日	廣東省計委批准《東深供水三期擴建工程可行性報告》，工程需投資 17 億人民幣，其中 11 億從港方預繳水費扣取，其餘 6 億，分別由深圳市預付水費 3.4 億元及廣東省籌集 2.6 億元	0.795	1.297
1991 年	—	0.985	1.439
1992 年	—	1.137	1.597
1993 年	—	1.318	1.772
1994 年	—	2.163	1.940
1995 年	—	2.332	2.160
1996 年	—	2.585	2.405
1997 年	—	2.798	2.613
1998 年	—	2.652	2.839
1999 年	—	2.893	3.085

資料來源：何佩然：《點滴話當年 —— 香港供水一百五十年》，商務印書館（香港），2001 年。

自 1983 年以後，有關東江水供港的價格，確定按照兩地通脹率作為價格調整的原則，每 3 年進行一次。比如，1985年與 1982 年比較，以人民幣計算，增幅達 32%，倘以港元計算，反而有 4.5% 的減幅。1996 年的水價與 1993 年比較，以人民幣計算，增幅達 108%，以港元計算，則有 36% 的增幅。1999 年與 1996 年比較，以人民幣計算，增幅達 6%，以港元計算，增幅為 28% 的。1990 年代東江水供港價格的變動，一方面反映了當時國內的通脹率居高不下，平均都在 20% 以上；另一方面，也反映出水資源的開發、利用和保護，在逐步走向以經濟效益為主的市場調控機制中。

三 「統包總額」方式計算水價

2006 年至今所簽訂的供水協定採用「統包總額」方式，沒有預設每年供水量，只訂明每年的水價。調整東江水價的基礎是參照營運成本、人民幣兌港幣匯率及粵港兩地有關的物價指數的變化，保留 11 億立方米水權，每年供水統一按 8.2 億立方米定價。2015 至 2017 年的每年固定水價分別為港幣 42.2279 億元、44.9152 億元、47.7829 億元，每年分 11 期固定金額付款。

東江水基礎水價自 1999 年以來基本上沒有進行過調整，依然保持在 1999 年 2.893 元 / 立方米的水準。1999 至 2014 年，主要變數作用是匯率和物價指數的增長。1999 至 2014 年，CPI 指數累計上漲了 34%，而東江水價則上漲了 33%，與物價指數基本持平。

實際上，近十幾年來，東江水水價的調整完全沒有考慮到東江流域在水污染防治、水土保持、生態環境保護以及移民安置等方面所做的大量投入。由於東江流域是跨省河流，涉及江西贛州和廣東河源、惠州、東莞、深圳、廣州等地區，這些因素是難以估量的，而且涉及的成本也相當巨大。

第三節　供港水價科學合理

幾十年來，在廣東與香港就東江水量水價問題的協商談判過程中，廣東省一直本著充分尊重香港方面的需要這一原則來執行。為此，香港政府水務署前副署長吳孟東就曾說過，在這個水價磋商機制中，港方的態度和觀點是被充分尊重的。「這麼

多年來，我們同廣東省都是有互相尊重的合作精神，所以過往的歷史中，討論水價的時候都是在很融合的氣氛裏談論」。

廣東粵港供水有限公司董事長徐葉琴介紹說，香港用水量 9 億至 10 億立方米，但枯水年、豐水年水量相差可達 2 億至 3 億立方米。一年的水量要多少？明年是枯水年還是豐水年？這很難估計，香港地區降雨量沒辦法算，因此香港為了保證用水可靠性達到 99%，2006 年以後決定按照統包的形式，保留 11 億立方米水權，每年供水統一按 8.2 億立方米定價，即用不用都是這個價。

為什麼會用統包定價的方式？徐葉琴解答說，在我國的調水工程制度中，水價是包括工程水價和計量水價的，工程費用是即使不用水也是要投入的，於是要算在用水成本裏面。因為修建調水工程需要巨大的花費和漫長的時間，在設計初期就要根據供水容量來確定工程。而落實到每一年，每年對港供水安排需要提前規劃，用電計劃也需要向政府提前申請規劃，因此必須要有一個預算的目標範圍。這在我國的南水北調工程中，也是同樣的計量方法。

吳孟東表示，供港東江水價是在粵港雙方意見都被充分尊

重的基礎上達成的。他認為廣東為向香港供水付出了巨大的努力和代價，世界上很難有一個可以排除環境因素而獨立存在的「標準水價」，也不能簡單地就數字價格進行平面比較。

吳孟東說，香港最在意的就是所買的是水權而不是買水；11億立方米的水量是一定要堅守的。這個數字是根據香港的氣候狀況，並考慮遇到旱情下推算出來的數字。因此，目前採用「統包總額」方式議定東江水價格，是雙方經過實踐檢驗後，最為科學的，也是最合理的方法。

2006 年以後按統包計價的原因

此時的香港已沒有了工業用水的壓力。全年用水量相對穩定持續維持在 8 億立方米左右。即使遇上旱災之年，也有上限是 11 億立方米的水權可提用 —— 香港最關心的是這一點。於是，2006 年以後按統包計價，對香港是沒有損失的。

至於供水一方 —— 內地，之所以要有個相對固定的供水約數，是因為修建調水工程需要巨大的花費和漫長的時間，在設計初期就要根據供水容量來確定工程。而落實到每一年，每年對港供水安排需要提前規劃，用電計劃也需要向政府提前申請規劃，因此必須要有一個預算的目標範圍。

第四節　香港供水價格與內地主要城市比較

東深供水工程經過三期擴建工程和一次改造工程後，供水能力達到 24.23 億立方米／年。其中，在同一個東深供水系統之下：

對香港的供水配額為 11 億立方米。

對深圳的供水配額為 8.73 億立方米。

對東莞的供水配額為 4 億立方米。

根據《深圳市統計年鑑》資料，2004 至 2007 年，東深供水工程供水總量逐年增加，當中：

對港供水量根據香港本地水塘收集雨水豐枯狀況進行調節外。

對深圳的供水量逐年增加。

對東莞供水量，基本呈下降趨勢，並控制在計劃配額 4 億立方米左右。

以下分別說明深圳、東莞、國內其他主要城市、香港的供水水源及價格情況。

一　深圳

深圳市當地水資源短缺，人均佔有量僅為 240 立方米，經濟社會發展大量依靠外來水源解決。主要供水工程為東深供水工程和東部供水工程，在這兩條供水骨幹上又興建了眾多支線，支線與各中小型水庫相連，形成了整個深圳市引、蓄、供相結合的供水網絡。由於供水水源眾多，深圳市原水供水系統複雜，各供水水庫工程所在的區域和境外引水途徑不同，其原水水價也不同，甚至相差較大。

目前深圳市實行東深水源與東部水源「雙水源」聯合調配全市的水量分配。

東深供水工程對深圳而言，是綜合利用的水利工程；除對深圳經濟特區供水之外，並兼有灌溉、排澇、發電和防洪等效益。與東深供水系統相連的水庫有深圳水庫、茜坑水庫、苗坑水庫、甘坑水庫、龍口水庫和鵝頸水庫。

至於為深圳供水的另一系統 —— 東部供水系統，包括東江水源工程和供水網絡幹線工程。東江水源工程從東江引水至松子坑水庫，再從松子坑水庫開始進入供水網絡幹線，沿特區北

深圳供水水價調整情況

用水類別	1999 年 （元／立方米）	2000 年 （元／立方米）	2004 年 （元／立方米）	2011 年 （元／立方米）	污水 處理費 （元／立方米）
1. 居民生活用水	—	—	—	—	—
（1）家庭戶（立方米／ 戶·月）	—	—	—	—	—
22 立方米及以下（含）	1.35 30 立方米及 以下（含）	1.50	1.90	2.30	0.90
23-30 立方米	1.85 超過 30 立 方米	2.00	2.85	3.45	1.00
31 立方米以上	—	—	3.80	4.60	1.10
（2）集體戶居民用水 量（立方米／人·月）	—	—	—	—	—
5 立方米及以下（含）	1.35 6 立方米以 內（含）	1.50	1.90	2.30	0.90
6-7 立方米	1.85 超過 6 立方 米	2.00	2.85	3.45	1.00
8 立方米以上	—	—	3.80	4.60	1.10
2. 行政事業用水	1.80	1.80	2.30	3.30	1.10
3. 工業用水	1.90	1.90	2.25	3.35	1.05
4. 商建服務業用水	2.40	2.40	2.95	3.35	1.20
5. 特種用水	3.50	3.50	7.50	15.00	2.00

面，由深圳水庫庫尾向西經過長嶺坡水庫至西麗水庫，將東部原水沿線分配後進入西麗水庫，通過西麗水庫 — 鐵崗水庫連通隧洞到鐵崗水庫，進而通過鐵石支線泵送至石岩水庫，向寶安區供水。東江水源工程分二期，一期始建於 1996 年，2001 年 12 月開始供水，供水量 3.5 億立方米；二期擴建工程，增加年取水量 3.7 億立方米。與東部供水工程相連的支線工程有 13 條，水庫有 13 座。

深圳市水務集團於 2004、2011 年針對居民生活用水定額標準和水費，將價格作了修改調整。2004 年比 1999 年調升 19.2%，2011 年比 2004 年調升 21.1%。2016 年水費價格和污水處理費將再作調整，聽證會已按計劃如期召開。

二　東莞

東莞河網縱橫交錯，地表水資源豐富，水環境條件優越。

據《2010 年東莞市水資源公報》統計，多年平均水資源總量為 20.76 億立方米，其中地表水資源量為 20.52 億立方米，地下水資源量為 5.63 億立方米。東江進入東莞市境內的多年平

均徑流為 247.2 億立方米。東莞市現有蓄水水庫 118 座,總庫容為 4.07 億立方米。蓄水工程設計供水能力為 3.64 億立方米。

　　東莞市的水源問題在於水質。目前,東莞境內多數水庫均遭不同程度的污染,水質較差,無法滿足供水任務。2010 年東莞市水庫供水量為 1.94 億立方米,僅佔設計供水能力的 53.3%,佔全市供水總量的 9.3%。因此,東莞市大部分供水水

東莞市東深供水工程沿線供水水價情況(元 / 立方米)

鎮街	2013 年調整前						2013 年調整後		
	居民	行政事業	工業	經營服務	綠化服務	特種服務	居民	非居民	特種服務
橋頭	1.35	1.40	1.45	1.50	1.20	2.00	1.45	1.65	3.5
常平	1.55	1.55	1.75	1.85	1.40	2.50	1.70	1.85	3.5
黃江	1.55	1.70	1.70	1.80	1.35	2.50	1.75	1.95	3.5
謝崗	1.40	1.40	1.45	1.60	1.20	2.00	1.70	1.85	3.5
樟木頭	1.60	1.60	1.70	1.80	1.20	2.50	1.75	1.95	3.5
清溪	1.50	1.50	1.65	1.70	1.20	2.50	1.75	2.00	3.5
塘廈	1.50	1.55	1.65	1.75	1.20	2.50	1.95	2.15	3.5
鳳崗	1.60	1.60	1.70	1.80	1.20	2.50	2.00	2.20	3.5
1999 水價	1.00	1.10	1.10	1.35	0.90	2.50	—	—	—

資料來源:1999 年水價根據《廣東省物價局關於調整東莞市自來水價格的批覆》粵價 [1999]12 號;2013 年前後水價來源 http://dg.bendibao.com。

源也來自東江水，其水源工程多集中在東江幹流和南支流上，通過各類提水和引水工程供給各自來水廠。

2010 年，東莞市各類供水工程供水量為 21.08 億立方米，其中直接以東江水為供水源的供水量為 19.14 億立方米，佔全部供水量的 90.7%。其中，東深供水工程，供水量為 4 億立方米。

東莞市目前形成 6 大供水系統，分別是市區供水系統、中東部供水系統、中西部供水系統、西部水鄉供水系統、東部供水系統和其他供水系統。其中，東部供水系統，主要以東深供水工程東深河為水源及部分水庫供水，都是自營自供系統。

東深供水工程沿線供水涉及 8 個鎮街，供水水價各個鎮街有所不同，1999 至 2013 年經過多次調整水價，居民用水水價與 1999 年相比，平均升幅達 88.13%。

三　國內其他主要城市水價

國內水價經歷了 1949 至 1964 年無償服務階段，1964 至 1985 年由無償服務向有償收費轉變階段，1985 至 1988 年積極推進和執行有償收費階段，1988 至 1994 年水利工程水費和

水資源兩費並存階段，1994 年後由水資源費向水價轉變等五個階段。

近年來，城市供水水價在短短幾年內已經急速飆升，從每立方米 0.5 元調升到 1 元以上、2 元以上、3 元以上，有些城市甚至已經達到每立方米 5 至 6 元。根據中國水網對國內 2000 至 2009 年 10 年來城市水價的統計，有 35 個重點城市

國內不同城市綜合水價對比（截止 2016 年）

城市	綜合水價 （元／立方米）	備註
北京	5.00 （水價最高）	2014（含 1.36 污水處理費和 1.57 水資源費） 1999–2016 年間，北京分別在 2004 年、2009 年和 2014 年有三次水價上浮
天津	4.90 （水價最高）	2015（含 0.9 污水處理費和 1.39 水資源費） 天津分別在 2004 年、2009 年和 2015 年有 3 次水價上浮
上海	3.45 （水價次高）	2013（含 1.7 排水價格） 上海在 2008 年、2010 年和 2013 年有三次水價上浮
廣州	2.88 （水價最低）	2012（含 0.9 污水處理費） 廣州在 2006 年、2012 年有兩次水價上浮
深圳	3.79 （水價次高）	2011（含 0.9 污水處理費和 0.59 垃圾處理費） 深圳在 1999 年、2000 年、2004 年、2011 年進行了四次水價上浮
東莞	2.78 （水價最低）	2013 東部供水系統平均水價（含 0.9 污水處理費） 東莞在 1999 年、2013 年進行了兩次水價上浮

的水價逐年增長，平均增速達到 7.14%，污水處理費平均增長速度達到 13.91%。

國內主要城市執行的供水價格為綜合水價，主要由五個部分構成，即原水價格、運營成本、污水處理費、水資源費和各種附加費，各地視自身情況加以選取。目前，大多數城市水價基本上由原水價格、運營成本和污水處理費構成。

截止 2016 年底，國內多個城市繼續公佈或準備聽證水價上漲方案，平均漲價幅度達到了 10% 至 30%。

居民用水價格和非居民用水價格，也全部實行階梯價格。基本上是多用水多付費。

四　香港供水價格

香港於 1979 年實施水費分級制度，住宅用戶的食水水費（沖廁用水除外）按 4 個階梯收費。

由於 1979 年以來水費收費標準一直沒有調整，30 多年來隨著物價水準的提高，香港水務署已經入不敷出。1998 至 1999 年度起已開始虧損運行，需要依靠政府一般收入補助，2014 至 2015 年度虧損 10.15 億港元，成本回收率為 88.8%。

香港供水價格

用水分類		收費（港元／立方米）
住宅用戶	12 立方米以內	免費
	12—31 立方米	4.16
	32—40 立方米	6.45
	超過 40 立方米	9.05
商業		4.58
建築		7.11
航運（非本地船隻）		10.93
航運（本地船隻）		4.58
航運以外用途（非本地船隻），並以預付票繳交水費		4.58
沖廁水每 4 個月的收費率	30 立方米以內	免費
	超過 30 立方米	4.58

　　通過以上東深供水工程主要供水城市香港、深圳、東莞三地的水價對比，以及國內其他城市的水價調整情況可知，深圳、東莞以及北京、天津、上海等地的水價逐年攀升，基本上仍然處在上升的趨勢之中，與香港數十年不變的水價形成鮮明對比。

　　1999 年之前，供水涉及民生安定，政府計劃管控，水價免費或者偏低；1999 年之後，隨著經濟深入發展，供水工程

的持續開發，水環境治理成本不斷加大，導致水資源緊張的趨
勢越發突顯。水資源作為越來越稀缺的戰略資源，其價值體現
在水價之中應該是必然的趨勢了。隨著水價機制的改革，使得
內地進一步開放供水市場，水價會根據市場經濟的調控不斷進
行調整上浮。深圳、東莞兩地目前的水價已經接近香港水價，
甚至可能會超過香港水價，而國內其他主要大中型城市，如北
京、天津的水價已經高過香港水價，這是不容置疑的事實。

東江水供港：五十年感情、二十多年共患難

2017 年，香港回歸 20 年，東江水供港超過 50 年。在過去的幾十年間，總體而言，香港社會發達富裕。回歸 20 年，香港總體向好，就算金融海嘯對部分投資者有所衝擊，卻沒有傷及香港社會的總體狀況；甚至因「中國經濟快車」之利，香港其實長期受惠。就在吃飽穿暖的總體環境下，有人挑起港獨議題，並拿東江水做箭靶，甚麼買貴水呀、是綑綁香港的手段呀、水量足夠卻仍要不斷加買呀等等，都經不起事實考驗。

東江水供港之常規化及定量化，跟 1960 年代幾場大旱災有關，也遇上香港人口開始急增。可以說，東江水供港，立足於國家在自己的困難時期也不忘關懷香港同胞的精神原則——這是鐵一般的事實！沒有穩定的水供應，香港也走不出往後幾十年的快速發展之路。

回首五十多年前的粵港供水情，東江水是跟香港人共患難之水，當中有一份濃濃的山水感情。而香港對東江水一直只管取用，以計基本水價為主，對沿河的環境保護及治理從未付出過水資源的保護費。

在此再重點提出本章提過的水價資料。1965 年，東江水供港水價初始定為 1角人民幣，折合港元 2 角 3 分，該水價一直維持不變，直到 1977 年後才變動。由 1960 至 1977 年，廣東省提供的供港淡水水價，是以收回成本為原則的計價方式。這段時期，保持了 17 年之久！

第五節　香港水費價格遠低於國際水準

國際上許多發達國家的城市，供水水價都基本遵循補償成本原則制定水價。如美國水價的確定，與供水部門的經濟運行成本收益目標直接相關，大多數水利工程都是通過供水部門賣給用水戶，用水戶支付的水費包括從水力工程處的購水費、供水部門的水處理費、配水費、運行維護費、投資與利息、管理費及稅收。

1989 年美國《水法》出台後，水工業私營化，公用事業單位的水務局變成純企業性的股份公司 —— 水務公司。美國水價以約高於通脹 5% 的速率上漲，至 1994 年後調整為略高於通脹率上漲。為控制節水，實行階梯水價。目前，美國水務公司的投資回報率約為 6%。

香港的供水價格多年來沒有調整，與其他發達國家城市相比，也屬偏低。

根據香港立法會發佈的 2014–2015 年度研究簡報《香港水資源 —— 2015 年 6 月》，水費相當低廉；沖廁用的海水免費使用，而食用的淡水則按政府補貼的收費機制收費。香港的食水收費水準，更遠低於與香港的人均本地生產總值相若或較低的其他發達國家城市。

第五章

馬來西亞向新加坡供水的成本與價格

第一節 新加坡的供、排水

一 新加坡的水資源概況

新加坡位於馬來半島最南端，由一個大島（新加坡島）和 63 個小島嶼組成。新加坡地勢平坦，屬熱帶海洋性氣候，全年高溫多雨。雖然降雨量充沛（2400 毫米／年），卻屬於水源性水資源缺乏國家，原因是海拔太低，無良好含水層，土地面積太小，河流短促，水資源調蓄能力較差，令天然水資源十分有限。加之新加坡人口密度高，人均水資源量僅為 211 立方米，在世界各國倒數第二。新加坡現有人口約 440 萬，每天用水量約 136 萬立方米。目前人口年增長率為 1.9%，如何為越來越多的國民提供清潔用水，是政府密切關注的問題之一。

過去 10 年，新加坡取得了 7.7% 的年均經濟增長率，為保持經濟繁榮和穩步增長，政府把水資源視為國家存亡的命脈。

二 新加坡的水務管理機構

新加坡的水務管理機構是公用事業局，成立於 1963 年，開始時職能是負責水源的收集、淨化、供應及用後水回收處

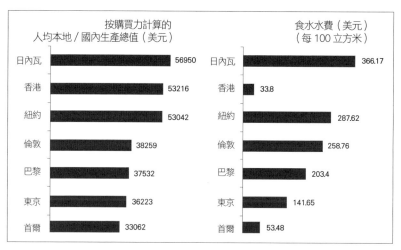

圖 15：2013 年發達國家城市的人均本地／國內生產總值及食水收費。

（註：相關城市的人均生產總值按其所屬國家的人均國內生產總值計算，而食水收費則按其所收取的有關價格計算。資料來源：International Water Association 及 World Bank。）

理，後來還負責管理電力和煤氣。

　　從 2001 年 4 月 1 日起，公用事業局又從環境部手中接過管理廢水和排水系統的任務。這項任務轉移，讓公用事業局能夠規劃並實行全盤政策，包括保護和擴大水資源、雨水管理、淡化海水、用水需求管理、社區性計劃、集水區管理、對某些非核心任務的特定活動外包給私人企業，以及舉辦公共教育及增強節水意識活動。

三 新加坡的早期供水

新加坡的不同政治階段

▶ 英屬時期：1819 年 – 1942 年
▶ 日佔時期：1942 年 – 1945 年
▶ 邁向自治與合併：1945 年 – 1963 年
▶ 馬來西亞時期：1963 年 – 1965 年
▶ 新加坡脫離馬來西亞聯邦：1965 年 8 月 9 日

1927 年，馬來西亞出租一個島給新加坡，使之免費使用柔佛河的淡水。

1932 年，原水管道開始通水。另外修建一條稍小的管道將處理後的水排放至柔佛河。

1942 年日軍進攻新加坡，戰役中，埋有供水管道的堤防被撤退的英軍炸毀，這個無意的破壞導致新加坡的水源僅夠持續兩週之用。這就是新加坡想要水源自給自足的原因之一。

1960 年代，新加坡經濟持續快速增長，水的需求也急劇增加。應對方法是增加從馬來西亞進口水源，以及急劇擴張當地水庫。1961 至 1962 年，在馬來西亞獨立和新加坡自治期間，馬來西亞預見水費的支付應列在租島費用之外，即是租用

島嶼之外，水費要另計。因此，1927 年的協議被 1961 年、1962 年的兩個協議取代。

根據新的協定，新加坡建造了 2 個水處理廠和 1 個新的、更大的管道連接柔佛河，將處理過的水輸送回柔佛河；即是保障了柔佛河的水量不會因新加坡的抽用而有出沒進。

1965 年，新加坡脫離馬來西亞而獨立。馬來西亞總理說，如果新加坡的外交政策有損馬來西亞的利益，將通過取消柔佛河的持續供水來給他們施壓。馬來西亞人指出，必須在馬來西亞和印尼的衝突中，防止新加坡與後者站在一邊。不要新加坡有被握咽喉的威脅，這也是新加坡供水需要能夠自給自足的另外一個重要原因。可以說，作為一個小國，新加坡開發水資源的努力是逼出來的，當中涉及國家存亡及外交自主的角力。在自行解決食用水問題上，新加坡別無選擇，那已經不只是社會民生，是個政治課題。

因此，在緩慢增加柔佛河需水量的同時，新加坡於境內積極開展水源建設 —— 包括在河口地區築壩，以及加建水庫。比如在 1975 年的 Kranji-Pandan 島計劃，就包括河口築壩及島內建庫。同年，厄博皮爾斯水庫完工，其他水源計劃也部分完工；

圖 16：在柔佛河的西南部，是新加坡的主要水源和集水區內的水庫群。

此外，另外 4 條河流也成功築壩。

1983 年，實利達河口大壩建成。但是這些工程還是不足夠的，而海水淡化於當時又太貴。新加坡始終想在柔佛河上建壩並配套水處理廠。經過 6 年艱難的談判，1988 年雙方簽訂了備忘錄，並於 1990 年簽訂協定，馬來西亞政府允許新加坡在柔佛河建壩。

四　與馬來西亞失敗的水談判（1998 至 2002 年）

1990 年簽訂協定的 8 年後，即 1998 年，新加坡開始主動和馬來西亞商談 2011 至 2061 年 50 年內的用水協議。馬來西亞最初請求增加原水價格，確定為 60 仙 / 千加侖，即 4 美分 / 立方，這個價格仍遠低於海水淡化或新生水價格。然而，2002 年馬來西亞又提價為 0.45 美元 / 立方，理由是香港支付 8 林吉特（約 1.76 美元）/ 立方給中國內地。

這個水價已經接近於海水淡化的價格。新加坡政府認為馬來西亞無權更改水價。並進一步闡明說，香港的水價還包含了中國內地的基礎設施建設費用（這是新加坡的說法，此處只是引述），而馬來西亞僅提供取水口，其他所有設施都是新加坡

建設的。新加坡拒絕了這個價格，最後決定放棄 2061 年的遠景供水。取而代之，新加坡決定向自給自足的方向發展。

五　開始自給自足（2002 年後）

2000 年前後，新加坡開始規劃一套更完整的水管理體系，準備自給自足，還打算開發重複利用水和海水淡化兩種水源。1998 年新加坡成立了新生水研究機構（NEWater Study），判斷再生水處理後是否可以達到飲用標準。為了促進新方法的利用，公用事業協會在 2001 年被賦予了這個權利。之前這些設施歸環境部門主管。新加坡的水源新政被稱為「四個水龍頭」，第一和第二個水龍頭是當地的蓄水池和進口水源；第三及第四個水龍頭仰賴新科技。

1. 蓄水池收集雨水

建設及管理好雨水收集系統和集水區保護。在收集本地雨水方面，新加坡建有 17 個水塘，當中有 2 個新水塘於 2011 年落成。此外，當地亦擴大集水區的範圍至涵蓋該國三分之二的土地總面積。

2. 從馬來西亞進口淡水

　　新加坡在 1965 年 8 月成為獨立自主的國家。當其還隸屬
英國殖民地自治邦時，於 1961 年和 1962 年簽署了兩份長期
供水協定。在這兩份供水協定下，新加坡可從鄰國馬來西亞的
柔佛州以每 1000 加侖少於美幣 1 分的價格輸入原水；同時，
柔佛州由於缺乏淨水設施，新加坡要在馬來西亞境內建設淨水
廠。經過處理的水一部分返銷馬來西亞，其餘部分則從橫跨兩
岸的 2 公里長堤上的 3 條水管輸入新加坡。上述兩份協議的有
效期分別為 50 年和 100 年，分別將於 2011 年和 2061 年到
期。此外協議還規定，協定執行 25 年後雙方重新審議水價。
因此從 1980 年代中期以來，新馬兩國就續簽供水協定進行了
多年的拉鋸式談判，雙方在價格問題上一直僵持不下。長期以
來，供水問題一直困擾著兩國，成為影響國家關係的一個重要
問題。由於隨時都有被切斷水源的危險，新加坡在此問題上承
受著巨大的壓力。吳作棟總理曾指出：新加坡建國以來就致力
同馬來西亞保持友好穩定的關係，如果供水是影響新馬發展睦
鄰關係的主要問題，新加坡將減少對馬來西亞水供給的依賴，
此舉更有利於兩國的長遠利益和發展。為此，新加坡決定採取
積極行動以減少對馬來西亞的供水依賴，於是誕生了多種用水

方式,如建雨水蓄集系統、生產新生水和進行海水淡化。

3. 2002 年新加坡委託建設了第一個新生水工廠

新生水(NEWater)是超出飲用水標準的純淨回收水。新生水是將經過二級處理的排水,用先進的反滲透膜技術與紫外線消毒進一步淨化而生產的,它是超純淨和可安全飲用的。新生水通過 3 萬次以上的科學檢驗,證明超越了世界衛生組織的飲用水標準。

早在 1970 年,新加坡便開始研究廢水(或用後水)再生的可能性,建設了第一個實驗性廢水再生處理廠,由於經濟效益差和技術問題,該廠於 1975 年關閉。

1998 年,新加坡公用事業局與環境部又進行了廢水回收的研究。坐落於勿洛供水廠下游的試驗性新生水廠於 2000 年 5 月開始運作,並且每天生產 1 萬立方米再生水。其水質不僅比公用事業局所供應的自來水好,也符合美國環境保護局和世界衛生組織所規定的水質標準。實驗成功後,公用事業局決定擴大廢水的回收、處理和再生規模。這是少數國家才會採取的措施。2003 年的投資額高達 11600 萬新元。在 2002 至 2004 年期間,廢水的處理量從每天 131.5 萬立方米,增加到

每天 136.9 萬立方米。

　　目前，100% 的用戶廢水都排入廢水管網，然後輸送到供水回收廠處理。廢水經過二級處理後，再通過微濾膜、反滲透膜及紫外線技術處理，就成為新生水。新加坡現有 3 座新生水廠生產新生水，總產量為每天 9.1 萬立方米。這些新生水廠通過 100 公里長的水管輸送網絡，分別為新加坡的東北部、東部和北部地方供水。此外，公用事業局還與私人企業合作，在烏魯班丹建造新加坡最大的新生水廠，每天產量可達 11.4 萬立方米。

　　新生水在品質方面雖然可以保證安全飲用，但主要還是作為工商用途。其純淨度比自來水高，是某些製造業生產過程的理想用水，例如需要超純淨水的半導體製造業。有少部分的新生水（2002 年為每天 0.9 萬立方米及 2005 年每天 2.3 萬立方米，或新加坡國內每天大約用水量的 1%）摻入蓄水池中的原水，然後經過處理作為家庭用途。2011 年，新加坡已達每天生產 29.5 萬立方米的新生水的能力，其中每天 4.5 萬立方米（用水量的 2.5%）將間接供應給家庭用戶，25 萬立方米則作為工商用途。

21 世紀初，公用事業局可以每天將 2.3 萬立方米的新生水與蓄水池裏的原水混合，到 2011 年，這部分水量已經提高到了 4.6 萬立方米。

4. 2005 年新加坡興建了第一座海水淡化廠

新加坡在海水利用方面有著得天獨厚的優勢，面對水資源危機，和其他濱海國家一樣，積極研發海水利用技術。例如，通過淡化海水來增加和擴大食用水供應，已成為水源供應管理的重要組成部分。

2005 年 9 月，新加坡興建的第一座國家級海水淡化廠 —— 新泉海水淡化廠（SingSpring Desalination Plant）建成並啟用。該廠是新加坡公用事業局第一項與私人企業合作的專案，

以逆滲透技術（reverse osmosis）進行的海水淡化程序

新加坡現時用逆滲透技術（reverse osmosis）淡化海水。以下是雙過濾（double pass）涉及的三個過程：

(a) 前期處理工序 —— 從海水過濾出懸浮固體；

(b) 雙過濾（double pass）逆滲透技術處理程序 —— 利用雙過濾技術，使海水流過半滲透膜，隔阻及去除了海水中的鹽分；

(c) 後期處理工序 —— 將經處理的水再礦物化（加入礦物質）及調節其酸鹼值。

在新加坡，海水經處理成為淡化水後，會與來自水塘並經過處理的水混和，繼而配送予住宅和工商用戶。

由私人企業設計、興建、擁有和投產，生產的淡水被輸送到新加坡公用事業局所擁有的水庫，經處理後送往用戶，以供飲用。新泉海水淡化廠總投資為 2 億新元（約合 1.2 億美元），佔地 6 公頃。該廠採用反滲透法淡化海水，每天可生產 13.6 萬立方米的淡化水，是全世界規模最大的膜法海水淡化廠之一。

　　該廠在建設和運營中十分注意成本控制。因為根據新加坡公用事業局與新泉簽訂的購水協議，新泉須在 2005 至 2025 年的 20 年間向公用事業局供應淡化水，首年的價格定於每立方米 0.78 新加坡元（3.64 港元），其後每年的價格調整則視乎燃料價格及通脹率等因素而定。而在 2005 年當時，新加坡的水價為 1.1 新元 / 立方米。據此推算，該廠第一年的盈利就可達 2000 萬新元。如今海水淡化在新加坡成了利潤豐厚的朝陽產業。新泉海水淡化廠每天生產的淡水，能夠滿足全國 10% 需求，在增加和擴大可供使用的水資源方面佔了重要部分，被政府稱為「第四個水龍頭」。

海水淡化在 2000 年前後因技術更新而成本下降

香港在 1970 年代也嘗試發展海水淡化技術，但最終因成本太貴而無法操作。

新加坡政府其實早於 1990 年代也視海水淡化為可行的淡水供應來源，但同樣是礙於當時所涉及的生產成本高昂，所以未有採用。其後，大約是 2000 年前後，海水淡化技術逐步改進，尤其是逆滲透技術（reverse osmosis）在全球日益普及，令海水淡化程序的成本得以降低。新加坡也因而於 2000 年代決定引入海水淡化技術，並建設海水淡化廠。

至 2011 年，新加坡於大士動工興建第二間海水淡化廠 —— 大泉海水淡化廠（Tuaspring Desalination Plant）。大泉海水淡化廠是新加坡公用事業局另一公私營機構夥伴合作項目，於 2013 年 9 月啟用，預計年產量為 1.16 億立方米，是東南亞地區內其中一間規模最大的逆滲透海水淡化廠。

根據購水協議，大泉須在 2013 至 2038 年的 25 年間，向公用事業局供應淡化水。首年的淡化水價格定於每立方米 0.45 新加坡元（2.79 港元）的低水平。與新泉海水淡化廠的安排相若，大泉海水淡化廠的供水價格其後每年亦會按燃料價格及通脹率等因素調整。

經海水淡化的水要添加礦物質

據世界衛生組織的資料,由於淡化水的礦物質含量甚低,因此在輸送過程中會鏽蝕喉管和裝置。再礦物化是處理此問題的方法之一。詳情可參閱 World Health Organization。

六　未來的供水設想

新加坡企圖實現水源自給自足,目標是在 1962 年協定到期前達標(協定至 2061 年)。根據某機構 2003 年的分析,至 2011 年新加坡已經可以實現水自給自足,水威脅已經看起來沒有那麼嚴重。然而,根據官方預測,在 2010 至 2060 年間,新加坡的需水量預期可達 3.8 億至 7.6 億加侖 / 天。增長主要來自非家庭用水;在 2010 年的需水量中約佔 55%,有望在 2060 年增長至 70%。屆時需水量有望由回收水來滿足一半,海水淡化滿足 30%,剩下的 20% 則由內部水庫群來完成。

第二節　新加坡的水價

一　高用水量的家庭用戶須付更高的耗水稅

從 2000 年 7 月 1 日起，家庭用水量每月在 40 立方米以內，以及非家庭用戶的收費，一律為每立方米 l.17 新元。每月用水量超過 40 立方米的家庭用戶，收費則是每立方米 1.40 新元，這比非家庭用戶的收費高。家庭用戶每月首 40 立方米的耗水稅調高至 30%，而非家庭用戶則一律徵收 30% 的耗水稅。但是，家庭用戶的用水量每月若超過 40 立方米，卻須支付 45% 的耗水稅。換言之，高用水量的家庭用戶須付更多的稅。

二　階梯水價制度令用者節約用水

新的收費制度實施後，人均用水量逐年遞減，從 1995 年的每人每日平均用水量 0.172 立方米下降至 2005 年的 0.16 立方米。這說明，新收費制度對用戶的用水習慣影響顯著，是一項有效的節水措施。新加坡的階梯水價制度向公眾傳遞了明確的資訊，即鼓勵節約用水。

新加坡供水水價情況

用水類別	水價 （新元 / 立方米）	節水稅 （佔水費 比例）	排污費 （新元 / 立方米）	公衛用品費用 （每月每設施）
家庭用水	每月用量 40 立方米以下： 1.17	30%	0.30	3.00
	每月用量 40 立方米以上： 1.40	45%		
非家庭用水	1.17	30%	0.60	3.00
船務用水	1.92	30%	無	無
工業用水	0.43	無	無	無

資料來源：http://www.pub.gov.sg/

　　按照新加坡 2004 年人均每日 162 公升的用水量來算，一個四口之家每月的用水量為 20 立方米，應付水費 36.4 元。就家庭用水來看，每月用水量在 40 立方米以下，除去公衛用品費用，算上節水稅和排污費，每立方米水費為 1.82 元 / 立方米；每月用量一旦超過 40 立方米，相應的費用則上升到 2.33 元 / 立方米，漲幅高達 28%。

第三節　新加坡水價與香港水價沒有可比性

　　新加坡水價與香港水價沒有可比性，表現在水源的地域性、水源的開發利用和水源的供排水系統等幾個方面，通通都與香港東江水源有很大的不同，兩者無法相提並論。

一　在租島的前提下使用柔佛河的淡水

　　首先，在水源的地域性方面，新加坡在沒有獨立之前作為馬來西亞的一部分，地理位置處於柔佛河的河口地區，從地域性來講，自然而然是以柔佛河為水源，這一點合情合理。而且，從 1927 年最早簽訂的租島協議可以看出，新加坡是在租島的前提下，使用柔佛河的淡水；即是，租島的費用中，隱含了使用淡水的費用，並非一分錢不花。

二　新加坡負責工程費用

　　其次，在水源的開發利用方面，從河流水庫大壩到水源工程、輸水管網等一系列供水設施，都由新加坡投資、施工、運行和維護。1932 年首次建成原水輸水管道開始通水，同時還修

建一條稍小的排水管道將處理後的水排放至柔佛河；即是取用河水之同時，要負責為河水補回流量。

1962 年新加坡又新建了 2 個水處理廠和一個更大管徑的輸水管道連接柔佛河，給柔佛河提供了更多的、遠低於處理費用的處理後的水，只因為當時有政治輿論認為，新加坡會成為馬來西亞的一部分。然而，之後新加坡獨立。之後的談判是兩個獨立國家之間的談判，雙方的關係複雜了。新的協議經 1983 至 1988 年長達 6 年的談判，至 1990 年才敲定。1990 年簽訂協定後，新加坡才又在柔佛河上築建大壩和配套水處理廠，進一步提高供水量和回用水量。在獲取柔佛河淡水資源方面，新加坡自始至終都是獨立自主地自行處理各種工程或設廠，要取用柔佛河淡水也是自力更生地建設水管體系。一切水資源工程設施的建設，都與馬來西亞沒有任何關係。

三　取用柔佛河水之後加工處理送回水流量

最後，是供、排水系統方面的投入。新加坡從柔佛河取水後，又將處理後的生活污水輸送回柔佛河，水資源不僅可以充分利用，而且對柔佛河的生態環境也極為有利，不會因為取水

而影響河道內的生態用水。新加坡不僅開發水源需要投資，處
理污水也需要投資，開發利用和保護修復也要兼顧，在多方面
都要付出巨大成本。目前，柔佛河上游的大壩有效地阻擋了海
水上溯，使馬來西亞沿河兩岸的水資源利用條件也大為改善。
這又是馬來西亞得到的額外收穫。

四　誰負責水源工程的設計、施工、運作等是關鍵

總之，新加坡是完全獨立地開發利用馬來西亞境內的柔
佛河水源，並承擔了保護水源的責任，馬來西亞只提供了取水
口；這是與香港取用東江水最明顯的不同之處。香港的東江水
源工程由中國內地設計、施工、投資興建，而運行期的維護和
管理也在內地。

五　取水的難易程度不同

東江流域面積是香港的 35 倍，流域水資源的保護主體自
然是內地，要由中國政府出資保護及管理，這於財力物力上，
是很大的承擔。此外，地理位置不同也是很大的差異，新加坡
位於柔佛河下游河口地區，取水自然便利很多；而香港與東江

跨越分水嶺，屬於不同的流域，東江水需要翻山越嶺跨流域調水才能引水入港，這無疑提高了供水的難度和供水的成本。

綜上所述，新加坡與香港的水價無論從哪方面講，都無法相提並論，沒有可比性。

第六章

東江水供港的爭議與辨正

　　香港島是個海島，九龍半島三面環海，於是不少對購買東江水存異疑者，都會提出可以海水淡化。本章就由海水淡化談起，再兼及其他爭議，並嘗試整理出一些看法。

第一節　海水淡化

一　海水淡化的由來

　　對淡水資源匱乏，卻被海水包圍的地區而言，海水淡化是出路之一。海水淡化，就是採取一定的方法使海水脫鹽變成淡水後加以利用。

　　早在 400 多年前，英國王室就曾懸賞徵求經濟划算的海水淡化方法。直到 16 世紀，隨著航海技術的發達，在漫長的海上航程中，人們開始努力打海水主意，希望可以提取海水並將它變成淡水，以補充旅途中的淡水不足。這就是海水淡化技術的開始。

　　真正意義上的海水淡化到第二次世界大戰後才發展起來。戰後，國際資本大力開發中東乾旱地區的石油，使得這一地區

經濟迅速發展，人口快速增加。然而，沙漠及乾旱地區沒河少雨，不可能提供足夠的淡水資源。於是，海水淡化必然成為該地區解決淡水資源的唯一選擇。

1950 年代末至 1960 年代初，隨著全球經濟發達地區水資源危機的加劇，海水淡化也得到了加速發展，海水淡化技術也越來越成熟。

一般來說，海水淡化的方法有電滲析法、蒸餾法、反滲透法、以及碳酸銨離子交換法等。其中，最常用的方法是反滲透膜法和蒸餾法。但是，不管是哪種方法，於 1990 年代之前，都需要消耗大量能源，而且設備投資、運行維護、材料更換等費用巨大，使得海水淡化的成本一直居高不下。除非像中東那樣，地下石油比地下水更多，不缺能源、只缺淡水的特殊地區，否則海水淡化要面對高耗能的問題。就是因為消耗大量能源這限制，其他地區只要不是嚴重缺水，海水淡化產業都發展得相對緩慢，其原因就是總體成本太高。

二　香港海水淡化工程的可行性研究

世界上第一座最大規模的海水淡化廠是 1975 年建成的香

港樂安排海水化淡廠（Lok On Pai Desalting Plant），又稱小欖海

水淡化廠，建於青山公路小欖段旁邊。但運行不到 3 年便停

頓，終因成本昂貴而被迫關閉。

回頭說 1950、1960 年的情況。早在 1959 年港英政府

曾考慮利用核能將海水淡化為可飲用水，但生產成本每千加侖

11.2 港元，總投資約需 5.6 億港元，比興建船灣淡水湖的費用

還要高。如果利用電力及蒸餾技術分解海水的鹽分，耗電量相

當大，電力供應無法提供大量生產。

1963 年為處理嚴重天旱的供水危機，港英政府成立食水

供應緊急委員會，正式展開研究蒸餾海水淡化的可行性，企圖

藉此紓緩水荒。同年 10 月，香港電燈公司和中華電力公司建

議利用電熱蒸餾法，將海水化為水蒸汽，再用急速冷卻方法，

使汽體化為淡水，得到政府同意。於是分別在北角炮台山道香

港電燈公司附近、紅磡鶴園電廠及長沙灣新填地西，進行海水

淡化研究。兩公司初步估計，利用電熱蒸餾法每天可生產淡

水 4000 萬加侖，每千加侖成本約為 5 港元，當時住宅用水每

千加侖是 0.8 港元、工業用水是 1 港元，兩者相比，貴了 5 倍

多。據當時報章記載，兩家公司的電熱蒸餾鍋爐，每天只能

生產 200 至 300 萬加侖食水，實際生產成本每千加侖超過 5 港元。

1964 年後港英政府委託顧問公司進行海水淡化研究，並斥資 4000 萬港元購買兩座當時世界最大規模蒸餾海水機，計劃 1966 年投入生產，將海水淡化能力穩定在每天 300 萬加侖左右，但成本卻由每千加侖 5.2 港元增至 6.72 港元。由於海水淡化成本過於高昂，無法大量提煉，故利用蒸餾海水抗旱應急，並不奏效。

1969 年，港英政府又再計劃擴大海水淡化生產規模，希望通過海水淡化開闢新的食水來源。1970 年首座海水淡化試驗廠於青山道大欖涌水塘附近興建，選址位處珠江出口，海水鹽分較低，水質較清，且臨近大欖涌水塘，海水淡化後可直接輸往水塘。

1971 年，香港立法局財務委員會正式撥款 200 萬港元，作為該廠 2 至 3 年實驗期的營運費。該廠實驗結果為後來杳港建成全球最大的海水淡化廠提供了基礎資料。

三 石油燃料費昂貴直接增加淡化成本

1973 年，港英政府斥資 4.6 億港元正式籌建當時全世界最大規模的海水淡化廠，就是前文提到的樂安排海水化淡廠。工廠佔地 6.1 公頃，第一組鍋爐於 1975 年 10 月正式投產，可生產淡水 670 萬加侖，每日消耗燃料值 6.8 萬港元，燃料佔生產成本的 75%，其他費用包括機器折舊、職工薪酬、維修及化學品。次年每日生產淡水 2700 萬加侖，佔全港耗水量的 12%，每日生產成本為 32.4 萬港元，但政府於 1976 至 1977 年度的水費收入只有 3853.7 萬港元，平均每日的水費收入不及 10.6 萬港元，遠不及海水淡化廠的生產成本。

1977 年，香港再次因降雨量不足而實行二級制水。為增加食水供應量，同年 9 月，6 組鍋爐全面使用。政府計劃擴大淡化廠規模，將生產擴大到每日 6000 萬加侖。然而，燃油短缺和價格高昂，令該計劃最終沒有實現。據水務署資料，同年每組海水淡化鍋爐，每日約消耗燃油 175 噸，每個鍋爐每日的燃料費為 6.8 萬港元，6 組鍋爐同時運行，單是燃油費每日需花費 40.8 萬港元。海水淡化生產成本如果只考慮燃油耗費，每

千加侖就已達 9 港元，如再加入考慮其他費用，每千加侖海水淡化生產成本需要 12 港元，十分昂貴。1978 年 6 月，全港水塘蓄水量均達半滿之數，而天文台又預測雨季雨量會充足。在此情況下，港英政府立即宣佈暫時關閉海水淡化廠。

1977、1981 年只屬於二級制水

1964 年起，港英政府與廣東省當局達成協議，香港每年會從廣東省購入 6800 萬立方米淡水，正式開啟購買東江水的歷史。1976 年已增至一年購買 1.09 億立方米水。雖然於 1977 年及 1981 年曾經實行二級制水，即每日供水 10 小時，但制水時間及長度與購買東江水之前已大幅減少。其後港府與廣東省政府進一步協商，於 1989 年正式簽署長期供水協議。

協議規定供水由 1995 年的 6.9 億立方米，逐年增加，在 2000 年時已達到 7.8 億立方米，現時供水系統的設計最高供應量是每年 11 億立方米。有關內容，本書第四章「東江水價格」有詳細解說。

淡化廠臨時關閉一年後，香港當局宣佈增加水費，但在一片加價聲中，社會輿論、市政局議員以至一般市民，均認為政府應放棄昂貴的海水淡化計劃。雖然港英政府認為海水淡化計劃可於天旱時彌補食水不足，有保存價值，但卻得不到社會認同，海水淡化廠重開之日，變得遙遙無期。

1981 年香港再現水荒，3 月份水塘總存量只有 44%，天文台預測是年雨量將會比正常年份少 25%，政府計劃重開淡化

廠以紓緩水荒，海水淡化廠有望重現生機。可是，當時卻逢上了中東伊拉克與伊朗發生戰爭，次年燃油價格狂漲，與 1978 年相比，上漲了 3 倍。以當時的油價計算，1981 年每生產 1 千加侖淡水，成本將高達 38 港元！工廠每年的營運成本將增至 5 億港元。1981 年海水淡化的成本與 1974 年初相比，增加了 8 倍。除了生產營運支出龐大外，1972 年港英政府曾為興建海水淡化廠向亞洲發展銀行借貸 2150 萬美元，至 1981 年仍有 1000 萬美元債務尚未償還。在水務署 1979 至 1980 年的帳目中，出現赤字 1.3707 億港元，政府必須增加水費及其他稅收，以平衡收支。重開海水淡化計劃，受到社會各界人士尤其是工業界激烈反對，社會輿論大都認為要求廣東省增加供水才是開源的良策。

1970–1980 年代香港海水淡化用的是高耗能技術

本書第五章「馬來西亞向新加坡供水的成本與價格」內提及新加坡的海水淡化廠成功營運，非但成本可控，甚至有錢賺、有進帳，令海水淡化在新加坡成為一門朝陽行業。相比之下，何以香港在 1975 年建設的樂安排海水化淡廠最終以關閉收場呢？

原因是當時香港用的是高溫蒸餾法，耗燃油量高。而新加坡用的是 2000 年前後不斷改良的逆滲透法（reverse osmosis），加上滲透膜因技術突破而價格下降，於是便令新加坡的海水淡化廠有不同於從前的生存空間。

1982 年，受到社會多方壓力，港英政府終於決定關閉淡化廠。次年，物料供應處將該廠價值 1300 萬元、重 1.2 萬噸的燃料出售，這個曾經是世界上第一個最大的海水淡化廠從此畫上句號。

第二節　東江水比海水淡化便宜

一　香港政府仍在開展海水淡化計劃

香港水務署於 2012 年 12 月在將軍澳第 137 區開展海水淡化廠的策劃及勘查研究，並於 2015 年 3 月底大致完成。香港特區政府為確保極端氣候下的可靠供水，擬建海水淡化廠的初期日均產能為 13.5 萬立方米，佔全港總食水用量約 5% 左右。並預留擴建空間，最終日均產能可達到 27 萬立方米，研究已確定整體技術的可行性，包括項目能符合環保要求。海水淡化廠的初步設計已經完成。

海水淡化廠此次捲土重來，淡化用的是逆滲透技術。近年來，海水淡化的成本隨著逆滲透技術的日漸普及而逐年降低，

但逆滲透技術仍然需要耗用大量能源，故利用海水淡化技術得到的食水價格仍受燃料價格限制。經濟損益分析以最佳整體使用週期成本為重點，估計擬建海水淡化廠的單位食水生產成本約為 12 至 13 港元 / 立方米（按 2013 年物價水準計算），與海外其他國家同樣採用逆滲透原理海水淡化技術生產的食水單位的成本基本一致。

通過海水淡化生產的食水，公眾的接受程度也需要慎重考慮。由海水淡化生產的食水不可能是真正的自然水，淡化水要「再礦物化」，添加礦物質，此外也要調整酸鹼度。香港的情況不同於新加坡，在有對比之下 —— 東江水與淡化海水對比，公眾對海水淡化生產的食水接受程度為何，可以保持觀察。

二 東江水的原水價格遠低於海水淡化的成本價格

東江水供港原水水價在 2015 至 2017 年分別為每立方米 5.15、5.48 及 5.83 港元，換算成人民幣約為每立方米 4.15、4.39 及 4.69 元（取匯率 0.8051 計算）。

目前東江水的原水價格仍然遠低於海水淡化的成本價格，兩者相比，東江水還不到後者成本價格的一半。另外，東江水

是降雨徑流形成的天然地表水資源；因此，東江水作為天然的水源仍然是香港最方便、經濟而又可靠的供水水源，不可能被其他水源完全替代。

第三節　質疑東江水供港的言論

東江水是香港的生命水，東江水供港體現了中央政府關心香港民生和經濟發展的善意。但近年在世界各地出現民粹主義思潮，香港的本土分裂思潮有所抬頭。在這樣的背景下，香港出現了一些質疑東江水供港的言論。而且，當中不盡不實的論點以電視劇方式流播，使不少人以為「電視都這樣說」，信以為真。

本節以正視聽，選擇有代表性的觀點予以梳理。

一　質疑東江水「水價貴」

一些媒體和香港市民指責供港東江水水價太貴，內地公司借賣水賺取暴利。唐曉邪在《香港人的生活資源從哪裏來

的？── 在與大陸生意往來的半個世紀中，香港所獲得的物資並沒有少花一分錢》中說：「粵港供水業務賺取的利潤超 5 成，香港向內地買水比新加坡向馬來西亞買水貴 10 倍。」

相關的話題炒作從 2000 年開始，一直未停。一般持質疑態度者指稱，香港購買東江水價格為每立方米 3.08 元，價格比新加坡向馬來西亞購買原水代價每立方米 0.33 港元貴 10 倍。也曾有立法會議員質疑東江水價格升幅高於通脹，2009 至 2013 年間的累積升幅達 26%，並提出政府在即將展開的協議談判中應控制成本。

二　質疑供港東江水過剩

某些媒體和香港市民指責廣東方面強推賣水，造成香港方面不得不把多餘的東江水排入大海，而買水的錢卻一文不能少。《香港人的生活資源從哪裏來的？》一文說：「供水額度能超不能少，香港不要也得要，5 年間港府無奈把 30 億港元東江水排入大海。」

三 質疑東江水水質差

早在 2000 年，就有立法會議員批評東江水又貴又髒。近年來，反對派不時也拿來説事，但基本上因為沒有實據而僅僅出現在口頭或網絡跟帖之上，如「一江污水向港流，我哋重要俾好多錢買添，血濃於水咪收錢呀笨！」和「是一江清水，還是一江濁水？！」之類的説法。但正規媒體上則並未多見。然而，不盡不實的謠言説一百遍就成為真有其事，是會有人當真的。這種不見於正規渠道的質疑，破壞力也很大，也需要正面回應。

四 「香港一滴東江水也不需要」

更有人散佈極端情緒化的言論，聲稱「香港一滴東江水也不需要」。所謂「東江水甚麼價？每噸 4.32 港元！若加上嚴重污染（綠色和平組織稱：猶如糞水！）的淨化費用，每噸七元。高過淡化海水近倍，也大大高過大馬賣給並非『同胞』新加坡的水價。更土匪者，原本一滴也不需要的東江水，強賣死約一定 30 年，而且年年加價。」

五　聲稱東江水供港是中共「錮身鎖命」控制香港的政治手段

有人聲稱：檢視內地對香港的食水和食物供應，中共長期以來都是追求錮身鎖命，以佔領別人生存條件來駕馭別人，刻意佔據生活物質貿易來進行政治宰制。

六　對東江水供港予以正面肯定的澄清

當然，除了上述質疑東江水供港的觀點外，在香港則有更多支持東江水供港項目，呼籲港人理解內地良苦用心、並為支持東江水供港提供更多正能量的觀點。明報新聞網 2015 年 5 月 24 日發表文章《陳茂波反駁東江水貴 指國家投資大》，文中謂，香港發展局局長陳茂波指出，廣東為了支持香港，動用上萬人力花約 1 年時間完成工程，目的無非是希望解決香港水資源不足，支持香港社會經濟民生穩定發展。時至今日，東江水仍為香港供水帶來重要保障。

陳茂波說的，是本書第二章談及的 1960 年深圳水庫工程。

近年有人把東江水供港安排與其他地方比較，並提出質

疑，例如新加坡向馬來西亞購買原水價格比較便宜等。陳茂波指出，兩者供水安排不能作過於簡單的比較，「新加坡和馬來西亞兩地是在 1962 年簽定供水協議，為期 99 年，期間新加坡除了需要向馬來西亞支付固定水價外，還需要就原水抽取設施所使用的土地，向馬來西亞支付租金，同時亦須將部分經處理的食水，以相對低廉的價格再賣給馬來西亞」。本書第五章就此事有更清晰的闡述。另外，港區全國人大代表胡曉明在東江水供港 50 週年之際表示：「水是生命之源，香港若然再度遇到缺水的情況，經濟發展必然會受到損害。東江水是本港可靠而穩定的供水來源，因此我們不應該否定其價值」。

《南方日報》2015 年 5 月 19 日推出「追溯供港水 —— 東深工程對港供水五十週年」系列專題報導。報導稱：從小的方面說，東深供水滿足了香港等沿線地區的百姓民生需求；從大的方面說，解決了香港水源匱乏的瓶頸問題，奠定了香港經濟社會穩定的發展基礎。香港特區立法會議員葉國謙說：「東江水是香港的命脈，沒有了東江水，香港不可能成為一個繁榮穩定的城市。」對於有些人詆譭內地通過東江水賺錢，葉國謙表示：「很明顯東江水的資源各個城市都搶著要，今天香港不要，也有

充足的城市想要接收。」香港特區政府水務署前副署長吳孟冬一直致力於對港供水工作，他認為，「每一個城市的發展基礎就是水資源，如果沒有東江水，就沒有香港的今天」。

新華社《瞭望東方》週刊 2011 年 11 月 28 日發表題為《深圳香港與粵港供水公司之間的三贏》的文章。香港思匯政策研究所大中華區經理劉素在文中指出：「東深供水在當時不僅對香港，而且對內地，都有著深遠意義。從經濟上是一個雙贏結局，從政治上更是加強了兩地維繫，為後來的『一國兩制』作出了重要貢獻。」「香港從東江獲益，飲水思源，有責任有義務『反哺』水源地，尤其是經濟欠發達地區，大家一起資源分享、責任共擔。特別是，如何跨區域搭建起每個利益相關者都有效溝通、有份合作的平台，是需要解決的重要課題。」

第四節　東江水供港辨正

一　供港東江水的水價計算

按照粵港雙方商定，東江水供港交易專案每 3 年簽訂一次

協議，雙方商定每年的水量與水價。自 2012 年以來，香港方面用於支付購入東江水的金額分別是：2012 年 35.387 億，2013 年 37.433 億，2014 年 39.5934 億港元；根據 2014 年底簽訂的 3 年協定，則 2015 至 2017 年需分別支付 42.2279 億、44.9152 億及 47.7829 億港元。

可按每年東江水輸港的總量和總價計算出每立方米的單位價格。2015 至 2017 年各年的單位價格分別是每立方米 5.15、5.48 及 5.83 港元。當然，這個單位價格是東江水未經處理的情況，如果加上入港後淨化費用等，東江水總成本在每立方米 8 港元多。

有香港市民提出供港東江水在 4 至 5 港元／立方米的價格，比之內地如深圳、東莞、惠州的水價高了不少。對此，廣東省水利廳的有關負責人回應，東江沿線內地各市的水價是由省發改委（原由省物價局）確定的。一般而言，各市的水價是根據財務資料來定的，沒有把環保成本、水利建設費等全部計算進去，因為這些都是由省裏統一安排和行動的，相應的成本也在省裏統籌了；而香港在財稅上是獨立的，不像內地需要向中央和省裏上繳稅收，故兩者無法相提並論。

關於水費每年遞增是否合理的問題。看歷年的水價總額，東江水價格每年升幅為 5% 至 6%，這個增幅是否合理呢？通過走訪香港水務署及廣東省水利廳，得到的回覆是，水價協議定價的考慮因素主要有三個方面：

一是東江水在廣東輸送至香港的營運成本，其中還包括了維護東江流域的環保成本、水利工程建設成本、水質監測與維護的投入成本、銀行貸款付息等因素。

二是人民幣與港幣間的匯率變動因素。

三是粵港兩地間的物價指數因素。看上去水價總體上是逐年遞增的，但實際上水的成本價本身並沒有提高，主要的變數是匯率和物價指數的增長。

二 不但沒有更貴而是更便宜了
—— 部分支出都沒算入供港用水價格內

水利廳有關負責人解釋說，從 1999 至 2014 年，CPI 指數累計上漲了 34%，而東江水價則上漲了 33%，與物價指數基本持平。期間，廣東方面為維護東江流域水質、生態而出現的水利工程投入、環保投入等呢？還有匯率變動的因素呢？這

些都沒有加進去。該負責人還指出，內地南水北調工程的北京援水，已經到了人民幣 10 元／立方米的價格；因此，相比之下，北京有關方面的人士直呼東江水價還是太便宜了。

三　新加坡與香港的供水價格沒有可比性

關於新加坡從馬拉西亞購水是否只有東江水價 1/10 的問題，香港某些人顯然是斷章取義。事實上，兩者供水不能作簡單對比。（詳見本書第五章）

總體而言，首先，在水源工程建設方面，從柔佛河築壩到取水工程、輸水管網等一系列供水設施，都由新加坡全額投資、建設與運行管理，同時將處理後的回用水輸送回柔佛河，馬來西亞只是提供了取水口。這與香港情況截然不同。香港的東江水源工程 —— 東深供水工程由內地設計、施工、投資興建，運行期的維護和管理都在內地，再加上東江流域的保護主體也是內地。

其次，所處的地理位置也有很大差別。新加坡位於柔佛河下游河口地區，地勢偏低，取水自然便利很多。而香港與東江跨越分水嶺，屬於不同的流域，東江水需要翻山越嶺跨流域調

水才能引水入港，無疑提高了供水的難度和成本。

所以，新加坡水價與香港水價沒有可比之處，不可同日而語。

正如香港中文大學何佩然教授所說，「這與東江水供港兩者沒有可比性。香港能到馬來西亞買水嗎？」

此外，新加坡從馬來西亞柔佛河取水也不是一帆風順的。實際情況也並非如香港某些人所言，新馬雙方的合作有多和諧。1961 和 1962 年，新馬兩國就供水簽署了兩項合約，當時議定由馬來西亞的柔佛河向新加坡供應生水，分別於 2011 及 2061 年到期。問題出在當時議定的水價，柔佛以每千加侖（4540 升）生水 3 分（馬幣）（約合 0.01 美元）賣給新加坡，並以每千加侖 50 分的價格回購淨水。但馬方覺得水價過低，只利於新加坡，而使馬來西亞吃虧，因此需要重新定價。而直到目前為止，雙方還沒有達成共識。馬來西亞軍隊高級軍官曾憂心忡忡地表示，如果馬新供水問題無法妥善處理，有可能引發兩國的軍事衝突。

四 「統包總額」的供水方式有利於香港

　　有香港市民質疑供水過剩、大量花錢購買的食水被政府排入大海的問題。經調研後得知，在 2006 年採取「統包總額」方式以前，確實出現過「排水入海」的問題。因為 1997 年金融危機以後香港曾發生用水量下降，而降雨量卻非常充沛的情況。當時香港政府按照原計劃用量購買足量的東江水，結果用水量減少疊加降雨充沛的因素，導致山塘水壩儲水過剩，甚至出現水塘滿溢、向海裏排水的情況，此舉被認為是「倒錢下海」，謾罵聲延續至今。自 2006 年採取現行的「統包制」協議以來，由於每年供水量上限及水價固定，每天供水量則可按存水量調整，所以再沒有出現過「排水入海」的情況了。

　　有香港市民提出為何不採用「按量計價」的方式，用多少算多少錢，以避免造成浪費？2014 年 11 月 12 日，發展局局長陳茂波曾對此問題作書面答覆：「一是『按量付費』的方式，難以保證香港可獲所需特別是在旱年的供水量。二是如採用『按量付費』方式，需釐定單位水價。由於沒有明確訂明供水量，在釐定單位水價時，粵方可能會加入實際供水量不確定的

因素，以確保有合理收入作運作開支及相關投資回報。因此，在『按量付費』方式下，當香港在旱年需要增加輸入東江水量時，所支付的款額可能較按現行『統包總額』方式為高。鑒於以上原因，我們建議在新協議中保留『統包總額』方式。」

這種供水方式後經事實證明，的確是保證香港用水，同時又考慮到東江沿線城市需要的理智之舉。現行東江水供水協議每年供水量上限為 8.2 億立方米（香港平均每年的食水用量約為 9.5 億立方米，本地水塘天雨儲水可以滿足部分需求），這足以保障香港抗擊百年一遇的特大旱災。2011 年香港雨量偏低，只及正常年份的六成，內地供水量達到 8.1842 億立方米，接近每年供水量上限 8.2 億立方米。當年東莞、深圳同樣遭遇旱情，香港供水則得到了優先保障。

五　「水權」
—— 每年常規供水之外設定更有保障的最高限額

廣東省政府向香港供水的原則是要多少給多少。同等乾旱情況下，優先保證向香港供水。根據 2008 年廣東省制訂《廣東省東江流域水資源配置方案》，就深圳、廣東省各城市和香

港可取用的東江水量設定最高限額。按分配方案,可抽取用作供水的東江水量約為每年 107 億立方米,而香港獲得分配的供水額為每年 11 億立方米。當香港需水量超過協議供水上限 8.2 億立方米時,香港仍享有相應的「水權」。

整個供水方法,是既照顧到常規性供水,又不乏靈活性的供水關係。

六 東江水水質有嚴格的法規和權威監測機構保障

關於水質差的炒作,主要存在於早期。近年,隨著東江水水源保護力度的加大,水質監測和通報制度的嚴格實行,關於水質差的炒作越來越沒有市場。

1991 年至今,廣東省人大、省政府先後出台了幾十個法規及文件以保護東深供水水質。一個省為一條河、一個工程專門頒佈如此多的法規,在全國實屬罕見。

另外,現在每年向香港供應的食水水質均必須經過香港水務署、廣東省環保廳檢測認可,水質標準嚴格定為高於國家 II 類水。專門負責東深供水工程水質管理、日常管理的廣東粵港供水有限公司成立了專門的水質監測中心,該中心無論在人員

配備還是監測設備上均屬一流。據了解，該中心的工作人員，大多是擁有重點科研院校碩士研究生及以上學歷的畢業生，中心還設有博士後工作站。除了應用最高檔的監測設備之外，該中心還積極搭建平台，與中山大學、同濟大學等科研院校及個別院士合作，共同保障水質監測的權威性。

七　「錮身鎖命」控制香港的言論最荒唐

在所有質疑東江水供港的說法中，「錮身鎖命」控制香港的說法彷彿是最具理論色彩，卻也是最無事實根據、極為荒唐的一種說法。

前文已提及，1963 年 12 月 8 日，周恩來總理在聽取廣東省官員關於東江水供港的方案時曾明確指示，供水談判可以單獨進行，要與政治談判分開。而從英方檔案可見，1964 年 3 月 16 日，港督柏立基（Robert Black）在致英國殖民地大臣的信函中也指出，在東江水供港工程的進展中，中方「並未強求任何政治回報」。

東江水供港分明是急香港同胞所急的雪中送炭，是善意的行動，卻被歪曲成別有用心控制香港的政治手段，實在是再荒

唐不過的言論了。難道眼見香港同胞在水荒中備受煎熬,冷眼旁觀反而是正確的做法嗎?

第五節　結語

本章由海水淡化開始談起,再嘗試理性思考東江水與香港的關係。

本書在談新加坡的第五章提過,海水淡化技術於 2000 年前後有新突破,也因此,海水淡化才可以成為新加坡四條水龍頭之一。海水淡化的可靠程度無疑已得世界認證;可是,於飲用而言,要再礦物化、添加礦物質才是「自然水」的效果。對水資源缺乏的新加坡而言,海水淡化是個不錯的選項,皆因可供新加坡選擇的方法其實不多。

而對比之下,香港背靠祖國大陸,有一條被廣東省政府及國家傾力保護的東江水供應香港食用水。

在中國快速工業化的進程中,社會經濟發展與環境保護的矛盾突顯,尤其是發展的初級階段,就算有環保意識也沒有

環保能力。於是不少河流、水源會因發展而遭到污染，水質變差。東江流域也不例外，自 1970 年代末啟動改革開放進程，東江流域沿線城市特別是深圳、東莞等地工業迅猛發展，環境污染也隨之有不同程度的加劇。河源、惠州等上游城市也渴望加速發展。但在經濟發展和環境保護之間，國家選擇了環境保護優先的發展路徑。在這一過程中，上游源頭地區犧牲了發展的速度，以至於在改革開放後 30 多年的今天，有部分地方的經濟依然相當落後。

　　贛南尋烏、定南、安遠三縣所處的東江源區，平均每年流入東江的水資源約為 29.2 億立方米，佔東江平均徑流量的 10.4%。為了保護東江源頭的綠水青山，政府劃定生態紅線，東江源區尋烏、定南、安遠三縣採取封山、造林、退果、關礦等措施。據統計，「十二五」以來，東江源區三縣累計關停和搬遷企業 2540 家。在廣東境內，東江流域進行了持續數十年的環保之戰。僅廣東省級層面為東深供水工程和東江流域制定的法律法規就達 13 項，治理標準中「最嚴厲」、「最嚴格」等字樣頻繁出現。

　　至於因為保護生態環境而發展落後的貧困地區，在近年對

貧困人口的聚焦關注總方向下，開始以生態補償機制形式來予以扶持。2016 年江西率先建立全境流域生態補償機制，首期籌集補償資金 20.91 億元，分配予省內各地，由各地方政府統籌安排，主要用於生態保護。經過改革實踐，這種生態補償機制在 2018 年繼續進行，而且江西省已成為流域生態補償覆蓋範圍最廣、貧困地區補償資金籌集量最大的省份。在生態補償機制的資金扶助下，現在以實現生態優先、綠色發展、推進生態文明建設的前提下來改善區內經濟。是對過去幾十年，為保護水源而作出犧牲的地區及人民予以補償。江西省尋烏縣的扶貧計劃，由 2013 年至今一直持續開展，全縣仍有一、兩成人口未脫貧。

對東江水上中下游的保護是一項龐大的國家任務。而下游東江水供港，是具有重大歷史意義和現實意義的涉港項目。東深供水工程，體現了國家關心香港民生的善意，也是內地與香港構建命運與共，促進兩地共同發展、互利雙贏的生動體現。內地政府和東江流域群眾為確保優質、穩定地對港供水，付出了難以言表的艱辛和努力。任何質疑和抹黑東江水供港的言論，在事實面前只會顯得蒼白無力！

東江水帶著濃濃的情誼越山而來，不知疲倦，從未停歇。

東江水，兩地情，讓我們攜手合作，在粵港澳大灣區建設的目標願景下，共創內地與香港之間更加緊密的合作關係，共創東江流域更加美好的明天！

後　記

————————

　　本書是有所本的改編普及讀物,所據的「根本」是全國港澳研究會一個委託課題《香港與內地關係視野中的東江水供港問題研究》。這份《香港與內地關係視野中的東江水供港問題研究》(以下簡稱「研究」)是專家報告,為了讓讀者瞭解東江水供港問題始末,經編委會統籌,由姜海萍、張承良、鄧開頌三位執筆,將「研究」擴展為近三十萬字的《東江水 兩地情 —— 香港與內地關係視野中的東江水供港問題研究》專著,並由內地出版社出版。

　　而本書是在上述近三十萬字專著的基礎上改編改寫而成;主要是令它由編排到用字上更適合香港讀者閱讀。至於涉及東江水及東深供水系統的專業知識,全部都謹慎小心地予以保留。因此,本書雖以普及讀物的形式面向讀者,但內容完全有根有據。

　　無論是原報告，抑或是內地出版的專著，乃至香港普及版，都試圖從香港城市發展進程中供水系統的角度，客觀地呈現東江水作為香港最主要的供水水源所擔負的重任，以及為維繫這一重任而默默付出的人力物力。

　　本書所據的內地出版的專著，由姜海萍、張承良、鄧開頌三位撰寫。三位的個人簡介如下：

　　姜海萍，女，1966 年生。畢業於河海大學陸地水文專業，研究生。現任珠江水資源保護科學研究所副總工程師，高級工程師。主要從事水資源保護規劃、建設專案水資源論證和環境影響評價等方面的技術工作。主持和負責的項目主要有珠江水資源保護規劃、港澳地區的水供給保障策略研究、珠江河口生態保護研究和水利部公益性科研項目紅河幹流梯級開發的生態影響研究，以及鑒江供水樞紐工程環境影響評價、廣州恆運電廠水資源論證等數十項課題。獲得珠江水利委員會科學技術獎一項和廣東省環境技術中心單項優秀獎一項。至今，在《河海大學學報》、《中國水利》、《人民珠江》等科技期刊及各

種學術年會發表論文數十篇。

　　張承良，男，江西于都人，文學博士、教授。現任職於中共廣東省委黨校（廣東行政學院）社會和文化教研部，兼任廣東青年社會科學工作者協會會長、廣東南方軟實力研究院副院長。長期承擔黨政領導幹部文化管理領域的培訓課程，從事文化認同、文化管理及嶺南文化專業研究。出版著作十餘部，發表論文數十篇，負責及參與課題項目研究二十餘項。

　　鄧開頌，男，1941 年生，廣東饒平縣人。1965 年畢業於中山大學歷史系，1980 年調入廣東省社會科學院工作，歷史學研究員。曾任廣東省社會科學院港澳史研究室主任，兼任中國中外關係史學會副會長及學術委員等，現任廣東南方軟實力研究院執行院長。長期從事港澳史特別是澳門史、粵港澳關係史和廣東明清經濟史等領域的研究。曾主持或參與國家、廣東省和省社科院重點科研專案多項，部分著作曾獲國家、廣東及澳門優秀學術獎。出版專著《澳門歷史（1840 — 1949）》等三部，合著《粵港澳近代關係史》、《粵澳關係史》、《粵港關係史》和《澳門滄桑 500 年》等著作三十多部，發表《葡萄牙佔領澳門的歷史進程》等論文一百餘篇。

編委會人員名單如下，謹於此處予以鳴謝。

顧問：陳多、劉蜀永、鄭天祥。

主任：袁俊；副主任：鄧開頌。

編委：袁俊、趙細康、鄧開頌、謝振澤、姜海萍、張承良、張曉輝、駱回。

授權書

本人作為稿件《東江水 兩地情》的著作權人代表，茲授權筆名余非作為本書稿普及版的改編者（編著）。

主要是根據香港青少年讀者、香港市場的特定需要，以及出版社的要求，對稿件《東江水 兩地情》的內容進行改編及重組，包括但不限於更改書名、體例等。

本人除要求在版權頁註明改編版的原稿來自本人等之外，放棄收取稿酬等其他權利。

專此授權。

授權人 鄧開頌

2015.1.1日

經授權，本書是由姜海萍、張承良、鄧開頌撰寫的《東江水兩地情 —— 內地與香港關係視野中的東江水供港問題研究》專著改編而成的繁體字普及版，特此聲明，謹致謝忱。

前言中的圖片取自網絡，因聯絡不上版權持有者，請版權持有者見書後與本社聯絡，本社將寄贈樣書和付予薄酬，謝謝！

責任編輯	亞麻
書籍設計	陳嬋君

書　　名	東江水一本通
編　　著	余非
出　　版	三聯書店（香港）有限公司 香港北角英皇道 499 號北角工業大廈 20 樓 Joint Publishing (H.K.) Co. Ltd. 20/F., North Point Industrial Building, 499 King's Road, North Point, Hong Kong
香港發行	香港聯合書刊物流有限公司 香港新界大埔汀麗路 36 號 3 字樓
印　　刷	美雅印刷製本有限公司 香港九龍觀塘榮業街 6 號 4 樓 A 室
版　　次	2018 年 7 月香港第一版第一次印刷
規　　格	大 32 開（140 × 200mm）200 面
國際書號	ISBN 978-962-04-4330-5 © 2018 Joint Publishing (H.K.) Co. Ltd. Published & Printed in Hong Kong